PPF

Nid yr A470

Ian Parri

Gwasg
Gwynedd

Argraffiad cyntaf — Mawrth 2013

© Ian Parri 2013

ISBN 978 0 86074 287 6

Cartwnau: Andy Robert Davies
Mapiau: Charli Britton
Dylunio: Ceri Jones

Mae'r cyhoeddwyr yn cydnabod cefnogaeth ariannol
Cyngor Llyfrau Cymru.

Dylid defnyddio'r mapiau sydd yn y llyfr hwn ar y cyd â mapiau
cynhwysfawr fel rhai'r OS. Mae'n bosib hefyd y bydd sillafiad enwau lleoedd
a welir yma'n wahanol i'r hyn a welir ar arwyddion ffyrdd yn y gwahanol
leoliadau. Nid yw'r awdur na'r wasg yn derbyn cyfrifoldeb am unrhyw
anffawd a allai ddigwydd wrth i'r darllenydd ddilyn y daith
a ddisgrifir yma.

*Cyhoeddwyd gan
Wasg Gwynedd, Pwllheli*

I'M GWRAIG, CATH,
AM FOD YNA EFO MI

Ian Parri

Cynnwys

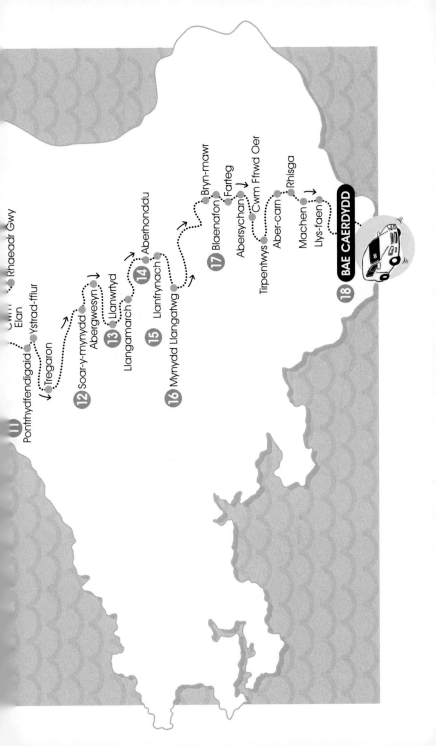

Cyflwyniad

Fedar neb honni bod y daith rhwng de a gogledd Cymru yn un eithriadol o hir. Wedi'r cwbl, gwlad fach bitw sy gynnon ni – smotyn di-nod ar atlas, fel ploryn ar din eliffant. Ond rywfodd mae'r A470, yr unig briffordd rhwng y ddau begwn, yn ei gwneud hi'n daith arteithiol o un pen o'r wlad i'r llall i'r rhan fwyaf ohonom.

Dydi hi ddim cweit yn ddau gan milltir fel yr hed y frân o Ynys Badrig oddi ar arfordir gogleddol Môn hyd at Ynys Echni yng nghanol Môr Hafren. Ychydig dros awr o daith os cewch hedfan ar yr awyren Fanawaidd sy'n teithio ddwywaith y dydd rhwng Mona a Maes Awyr Caerdydd, diolch i gymhorthdal o'r pwrs cyhoeddus ac i'r haid o wleidyddion a gweision sifil breintiedig sydd ar ei bwrdd.

'Mwy o *canapés* bara lawr, syr? Ac ydi'ch siampên chi'n ddigon oer? . . . Na, mae'n ddrwg gen i, dydi'r *masseur* ddim efo ni heddiw.'

Hyd yn oed mewn gwlad mor fechan, mae 'na fwy na digon ohonom sy'n awyddus i osod trosol enfawr mewn unrhyw grac bychan a'i droi'n hollt anferthol, ond nid rhyw fân gecru rhanbarthol ydi gwir asgwrn y gynnen – na, y drwg yn y caws ydi'r cysylltiadau gwael rhwng

Caerdydd â rhannau mwy anghysbell y wlad. Nid anghysbell yng ngwir ystyr y gair, wrth reswm. Neno'r tad, does 'na ond 205 milltir o darmac rhwng Caerdydd a Chaergybi. Pe baech chi'n sôn wrth rywun o Awstralia neu'r Unol Daleithiau am daith 200 milltir fel un hir, mi fasa'n tagu ar ei gwrw piso cath – maen nhw'n gallu teithio 'mhellach na hynny i brynu potel o sos coch a thun o spam. *'Two* hundred miles?' brefa Hank o Texas, gan guro'i glun â chledr ei law. 'My grandfather used to travel that distance to go to the loo.' Ia, roedd gen innau daid felly hefyd, ond jyst bod yn styfnig roedd o yn ôl Nain.

Nid cefnffordd i gysylltu de a gogledd ydi'r A470 o ddifri, wrth gwrs, ond cyfres o ffyrdd ceffyl a throl y byddai'r Gwylliaid Cochion wedi bod yn gyfarwydd â rhannau ohonynt wrth finiogi'u cleddyfau. Er, mae'n rhaid cydnabod iddi weld gwelliannau graddol dros y canrifoedd – graddol yn yr ystyr o ddyn euog yn gwneud ei ffordd i'r crocbren. Hyd heddiw, gwelir ymdrechion i sythu ambell dro neu ledu ambell ddarn i'ch galluogi i gyrraedd y golau coch neu'r rhimyn cul nesaf fymryn ynghynt. Bu'r ymdrechion hyn yn fodd i gynnal teulu sawl dyn lolipop dros y degawdau.

Nid tan 1979, yn sgil ymgyrch gan bapur newydd y *Western Mail*, y cafodd y llwybr igam-ogam hwn o fân ffyrdd digyswllt – y 168 milltir arteithiol yna rhwng Llandudno yn un pen a Chaerdydd yn y pen arall – ei ddynodi'n brif ffordd a'i fedyddio'n A470. Yn ôl y sôn, cafodd y llwybr ei ddewis bron ar hap gan y newyddiadurwr John Osmond, prif ohebydd materion

Cymreig y papur hwnnw ar y pryd, ar ôl cael ei alw gan ryw Syr Wmffra di-ên o fiwrocrat i'r Swyddfa Gymreig, lle dangoswyd pentwr o fapiau sychlyd iddo a gofyn iddo nodi pa lwybr y teimlai y dylai'r ffordd newydd arfaethedig ei ddilyn. Go brin y credai Wmffra y gwelai'r cynllun byth olau dydd, felly doedd o ddim yn mynd i boeni'n ormodol mai newyddiadurwr syml, o bawb, oedd yn gwneud y dewis – os mai felly bu hi, wrth gwrs.

Fel sy'n digwydd bob tro mae rhywun heb arbenigedd yn tynnu llinell ar fap, bu'r canlyniadau'n drychinebus o boenus. Nid bai Osmond (neu rywun arall tebyg) oedd hynny, wrth gwrs; wysg eu tinau y cafodd y gwleidyddion eu llusgo at y bwrdd i arwyddo'r dogfennau oedd o leiaf yn cydnabod bod y genedl yn haeddu priffordd rhwng de a gogledd.

Ganwyd ein A470 mor ddiseremoni â hynna, felly – plentyn llwyn a pherth y genedl. Druan ohonom.

Y teithio, nid y cyrraedd, ydi gwir werth unrhyw siwrnai, wrth reswm. Dwi wedi dweud hynny wrthyf fy hun sawl gwaith wrth geisio dyfalu sawl awr arall fyddai raid i mi ei threulio y tu ôl i'r llyw cyn gweld goleuadau disglair Caerdydd ar y gorwel. Ac *mae* 'na olygfeydd gwych i'w cael o'r A470, o oes – hynny ydi, pan nad ydach chi'n syllu ar din tractor neu ar gefn un o lorïau Mansel Davies, a phan nad oes pla o garafannau o'ch blaen neu fotos nobl yn cludo plantos a'u telynau i Eisteddfod yr Urdd, a phan nad ydi hi dan ei sang o dwristiaid yn heidio am ein trefi glan-môr, a phan . . .

Ceisiais droeon ddefnyddio'r trên i fynd o un pen o'r wlad i'r llall.

'Sut ydach chi am dalu?' meddai'r clerc yng ngorsaf Bangor un tro. 'Wn i ddim yn iawn,' meddwn innau, 'ond dwi wedi gwerthu ambell lun gan Kyffin Williams ges i ar ôl Taid, a ffidil Stradivarius, felly mi ddylai fod gen i ddigon.' Piffian chwerthin wnaeth o pan holais oedd modd cadw sedd. Peth pur amhleserus ydi gorfod sefyll am oriau efo penelin rhywun i fyny'ch trwyn ac ogla ceseiliau heb weld sebon ers deuddydd yn eich ffroenau, ond beth arall wnewch chi pan mae'r dyn sy'n eistedd yn eich sedd gadw'n ddau ddeg pum stôn o floneg meddw, blin? Anymarferol, felly, ydi defnyddio gweddillion anfadwaith Dr Beeching.

Anymarferol, hefyd, ydi neidio ar un o awyrennau 'Ieuan Air', fel y cafodd y gwasanaeth rhwng Mona a Chaerdydd ei fedyddio ar ôl ymdrechion yr AC dros Fôn i'w sefydlu.

Fentrais i erioed ddefnyddio'r gwasanaeth bws a elwir yn TrawsCambria, ar ôl cael fy nychryn gan straeon am y Groes Goch yn gorfod cludo bwyd i'r teithwyr, a hwythau ar bumed diwrnod eu taith. Meddyliais droeon mai neges i ddefnyddwyr y TrawsCambria oedd yr arwyddion welwch chi ar ochr y ffordd yn rhybuddio bod 'oedi yn bosibl tan fis Tachwedd'.

Yn raddol, dwi wedi dod i'r casgliad nad oes modd osgoi gyrru o un pegwn o'r wlad i'r llall. Ond sut ar wyneb daear mae cyflawni hynny heb orfod wynebu'r A470 ddiawl, y des i i'w chasáu lawn cymaint â dos o afiechyd na ddylid sôn amdano mewn cwmni parchus?

Gyda hynny mewn golwg, ces fy hun yn eistedd yn fy nghar ar y promenâd yn Llandudno – ar un pen i'r A470 – efo map rhad o'n ffyrdd ar fy nglin a dogn da o betrol ym mol y moto. Roeddwn am gyrraedd y pen arall ym Mae Caerdydd nid yn unig heb roi modfedd o'm teiars ar destun fy hunllefau, ond heb chwaith gyffwrdd ag unrhyw briffordd dosbarth 'A', ac eithrio i'w chroesi ar gyffyrdd. (Dyma daith y basa'n bosib imi'i chyflawni'n hamddenol ar gefn beic tasa gen i'r awydd, wrth gwrs, ond doedd gen i ddim.)

Roeddwn yn sylweddoli bod her nid ansylweddol o mlaen i – hyd yn oed ar bedair olwyn – ond dyma her roeddwn yn awchu i fynd i'r afael â hi. Siawns y llwyddwn, mewn gwlad wâr a roddodd eisteddfodau, cerdd dant, R. S. Thomas, Richard Burton a Ryan Giggs i'r byd – heb sôn am Catherine Zeta Jones, selsig Morgannwg, Dewi Pws a chwrw Brains.

Gwthiais yr allwedd i'w dwll wrth baratoi i ffarwelio â'r ddiafoles darmacllyd, a'i gadael o'm hôl i drafod efo'r gwylanod.

Twll dy din di, Ffaro – gan obeithio na wela i mohonot ti eto'n fuan!

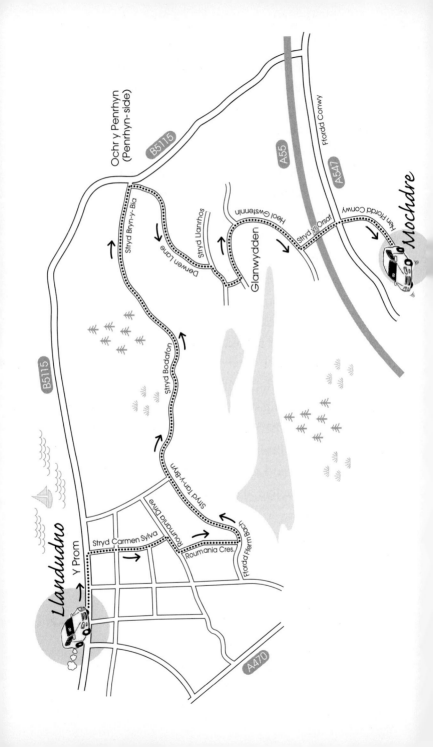

1

O Landudno i Fochdre

Mae'r hen wraig, â chroen ei hwyneb yn dangos traul bywyd, yn tynnu'n eiddgar ar ei sigarét wrth eistedd ar fainc y tu allan i gaffi concrit ar gopa rhynllyd Penygogarth. Mae pen y sigarét yn llosgi mor llachar â phen-ôl babŵn, nes bod peryg i gychod sy'n mynd heibio ym Mae Lerpwl feddwl mai golau coch rhyw long enfawr maen nhw'n ei weld yn disgleirio trwy'r niwl, neu ei fod yn rhyw ystryw gan y Cymry ddiawl i'w hudo yn erbyn y creigiau. Yna daw cwmwl o fwg gwyn pur o geg yr hen wraig – y nicotin a'r tar wedi'u sgubo'n lân oddi arno gan ysgyfaint sydd wedi hen berffeithio'r grefft.

'Ewadd, tydi hi'n wych cael mymryn o awyr iach,' meddai wrth y ffrind sy'n ei hymyl, mewn acen a allai fod

Prom Llandudno

wedi dod yn syth oddi ar set *Coronation Street*. Mae'r ffrind hithau'n mygu fel stemar Ynys Manaw, a chlegar chwerthin y ddwy yn fy nghludo'n syth i dudalennau Shakespeare, a'r gwrachod rheiny'n llafarganu o amgylch eu crochan ym *Macbeth*.

Rhyw le felly fu Llandudno ers degawdau. Tref ddigon atyniadol yr olwg gyda'i phromenâd hanner-lleuad clasurol yn llawn gwestyau pinc a melyn a glas golau, ond rhyw dref ag ysfa ynddi i fod yn fymryn o blentyn drwg, yn rebel – i ddiosg ei mantell o barchusrwydd bob hyn a hyn ac efelychu llefydd mwy amrwd eu hapêl fel y Rhyl. Er hynny, neu efallai oherwydd hynny, bu'r lle yn fagned i bobol o ogledd-orllewin Lloegr ddod iddo ar dripiau diwrnod, neu ar wyliau estynedig, neu hyd yn oed i ymddeol iddo. Cerddwch i lawr Stryd Mostyn ac mi fasa'n hawdd i chi gredu eich bod rywle yn Swydd Gaerhirfryn. Nid na fydd Cymry Cymraeg yn mentro yma hefyd ar gyfer ambell sbri gwyllt o siopa, pryd y bydd y lle'n ogleuo o gardiau credyd yn toddi.

Ia, Stryd Mostyn. Mae'n anodd dianc rhag y teulu Mostyn yn Llandudno; mae'r prif strydoedd wedi'u henwi ar eu holau, a bellach un o'r parciau siopa ar gyrion y dref. Ac yn agos i'r orsaf mae Oriel Mostyn, lle daw ffug grach â'u trwynau yn yr awyr i syllu ar ddarluniau a cherfluniau sy'n golygu cymaint iddynt ag a wnâi jig-so deg darn i ambell bêl-droediwr. Prin fod unrhyw ddatblygiad yn dod yn ei flaen yn yr ardal heb fod bys Stadau Mostyn rywle yn y briwes.

Mostyn St. Llandudno

Mae'n anodd meddwl am unrhyw le yn Ewrop y tu allan i dywysogaeth fechan Monaco sydd wedi gorfod mynd ar ei liniau cymaint i un teulu. O leia mae'r Monégasque cyffredin – os oes y fath greadur yn bod – yn cael troedio palmentydd aur, yn cael gwario'i arian mewn siopau megis Gucci neu yn y casino byd-enwog, a gwylio rasio ceir Fformiwla 1 yn llythrennol ar riniog ei ddrws. Ond beth am y Llandudnolyn cyffredin? Mae miloedd o'r fath greaduriaid yn sicr yn bodoli. Fe gaiff o neu hi droedio horwth o bier disylw ar ôl gwario'i arian prin mewn siopau dillad rhad neu gymharol rad, cyn sleifio i swyddfa fetio William Hill. Mae'n wir y bydd ambell rali geir yn rhuo rownd y ffordd drawiadol sy'n amgylchynu penrhyn creigiog Penygogarth, ond yr arlwy arferol ydi gwylio tîm pêl-droed y dref yn herio Amlwch yng Nghynghrair Undebol Huws Gray – yn y glaw.

'Nôl yn y 14eg ganrif, daethai dau deulu o fân-uchelwyr Cymreig – a Chymraeg, bryd hynny – yn dirfeddianwyr o bwys ar ôl i Angharad, ferch Ednyfed ap Tudur ap Goronwy, briodi Ieuan ab Adda ab Iorwerth Ddu. Yn 1532 y daeth ardal Llandudno dan sawdl y teulu Mostyn, wrth i stad Gloddaith syrthio i'w gafael trwy briodas Margaret, ferch Gruffudd ap Rhys ap Gruffudd â Hywel ap Ieuan Fychan o Fostyn. Eu hŵyr, Hywel ap Richard, oedd y cyntaf i ddefnyddio'r enw Mostyn – enw mae'r teulu'n dal i'w arddel hyd heddiw; cymerodd y teulu'r enw o'r porthladd yn sir y Fflint sydd bellach yn un digon dilewyrch ers i gwmni P&O atal eu gwasanaeth fferi oddi yno i Iwerddon yn 2004.

Ledled y gogledd daeth tiroedd ychwanegol di-ri i gôl y teulu yma dros y canrifoedd. Yn Eifionydd, nhw fu'n gyfrifol am adeiladu'r enwog Lôn Goed rhwng 1819 ac 1828 er mwyn cysylltu gwahanol rannau o'u stad. Yn ôl y sôn, gwrthododd un tyddynnwr ildio'i dir i'r arglwydd gan godi dau fys yn heriol arno – dyna darddiad y dywediad 'Mae Mistar ar Fistar Mostyn'.

Profodd trethi marwolaeth yn gryn faich ar y teulu – sefyllfa a lonnai galonnau'r werin datws. Wedi dweud hynny, mae dylanwad y Mostyniaid yn dal yn enfawr drwy Landudno a'r penrhyn bychan y saif arno.

Mae'r penrhyn yn ymestyn allan i Fôr Iwerddon hyd at ei bwynt uchaf ar frig Penygogarth. Prin fod unrhyw fryncyn yn unman â mwy o wahanol ffyrdd o'i ddringo. Mae modd cyrraedd y copa ar droed, yn y car, ar y tram neu drwy ddefnyddio'r gwasanaeth car cebl. Ar ôl ichi ei gyrraedd, ar ddiwrnod braf cewch fwynhau golygfeydd syfrdanol dros Benmaen-mawr, Ynys Seiriol ac Ynys Môn – neu cewch lowcio cwrw a bwyd saim mewn adeilad hynod hyll a di-chwaeth a fu unwaith ym mherchnogaeth y cyn-bencampwr paffio Randolph Turpin. Pen neu gynffon, dwedwch? Cynffon oedd hi i'r ddwy hen wreigan ar y fainc, mae'n amlwg; maen nhw'n mwynhau eu mygyn yn llawer mwy na rhyw olygfeydd sydd ddim ond yn dod i'r golwg yn ysbeidiol trwy fwgwd y niwl.

Pentref bychan yn glynu wrth lethrau Penygogarth fel rhech at flanced oedd Llandudno yn wreiddiol. Byddai'r mil o drigolion yn dibynnu am eu bywoliaeth i raddau helaeth ar y mwynfeydd copr fu'n cael eu cloddio yno ers yr Oes Efydd. Hynny ydi, hyd nes i'r pensaer Owen Williams ddarbwyllo'r Arglwydd Mostyn mewn cyfarfod yn y King's Arms yn 1848 o'r potensial aruthrol i droi'r gweundir corslyd wrth yr arfordir yn dref wyliau yn llawn adeiladau ysblennydd. A hynny fu, er na fu 'na fawr o fri ar Gymreictod yn y dref ei hun o'r cychwyn cyntaf.

Wedi dweud hynny, mae rhyw waelod o Gymreictod wedi mynnu dal ei dir yn yr ardal. Mae'r iaith i'w chlywed o hyd yng nghefn gwlad Creuddyn, ac mae nifer o'r to iau a lusgwyd trwy gyfundrefn addysg Gymraeg yr hen Wynedd (cyn i'r sir gael ei sbaddu'n ddarnau llai yn 1996) yn sicr yn deall llawer mwy nag y gwnân nhw gyfaddef. Go brin y basa sibrwd 'ylwch – papur decpunt ar lawr' yn cael ei anwybyddu gan y Sgowsars plastig, fel y disgrifiodd y diweddar brifardd Iwan Llwyd Gymry Saesneg arfordir y gogledd ryw dro. Ond ar brynhawniau Sadwrn, o leia, mae'r Gymraeg yn dal i atseinio ar hyd y strydoedd, er mawr syndod i ymwelwyr o lefydd fel Bolton a Bury sy'n credu eu bod nhw'n dal yn Lloegr. Daw'r Cymry yn un fflyd o'r gorllewin a'r de, ac oddi ar y trên o Flaenau Ffestiniog a Dyffryn Conwy pan na fydd y glaw wedi golchi'r trac i ffwrdd.

Heidia'r ymwelwyr yn eu holau tuag adre gyda storïau am Gymry cas a hiliol – am bobol yn mynnu troi i siarad eu mamiaith cyn gynted ag y sylweddolant fod estroniaid uniaith, amddifad yn crwydro'r strydoedd fel Hansel a Gretel ar goll mewn coedwig goncrit, ac am bawb yn y bar 'na yn Stryd Mostyn yn troi i'r Gymraeg cyn gynted ag y gwnaethon nhw, y trueiniaid, gamu i mewn. Biti na fasa'r fath lond bar o fleiddiaid ieithyddol yn bodoli!

Taniaf injan y car a throi oddi ar y promenâd Fictoraidd tuag at y gylchfan ar Mostyn Broadway (ar gwr Parc Manwerthu Mostyn Champneys), a throi i'r chwith i Mostyn Avenue. Yna trof i'r dde i lawr Ffordd Carmen Sylva, heibio Roumania Drive ac i lawr Roumania Crescent. Os oes gan Landudno chwiw ddigon afiach tuag at deulu'r Mostyniaid, mae yma hefyd ryw fopio afreal ynglŷn â Romania a'i chyn-frenhines, Elisabeth. Merch a anwyd yn 1843 i fân-grach brenhinol o'r Almaen oedd Elisabeth, a ddaeth maes o law'n awdures a ysgrifennai dan yr enw Carmen Sylva. Yn wahanol i rai o'i thylwyth yng ngweddill Ewrop, roedd yn rhaid iddi hi a'i thebyg weithio am eu bywoliaeth – rhedeg bragdy, efallai, neu'n fwy delfrydol briodi un o'r myrdd gefndryd neu gyfnitherod yn rhywle fel Lloegr. Methodd Elisabeth o ran

Oriel Mostyn

hynny, ond yn 1869 cafodd ei gwobr gysur pan blannodd ei chrafangau yn y Tywysog Carol o Romania. Wel, roedd o'n well na dim, yn doedd? Y cysylltiad yr ymffrostia Llandudno cymaint ynddo ydi iddi dreulio pum wythnos yn y dref yn 1890. Ia, pump bali wythnos!

Wrth gyrraedd Ffordd Fferm Bach dyma ddechrau dianc o'r Llandudno drefol, sydd bellach yn gartref i ragor nag ugain mil. Brin dri chan llath i ffwrdd mae darn newydd o'r A470 yn ymestyn am tua thair milltir hyd at gylchfan y Black Cat enwog islaw'r A55 ddidrugaredd.

Yr A55 oedd y ffordd i obaith a chyfle, yn ôl y gwleidyddion oedd yn rhedeg yr hen Swyddfa Gymreig pan agorwyd hi. Bu'r cyn-Weinidog Gwladol a'r Aelod Seneddol lleol, Syr Wyn Roberts, bellach yr Arglwydd Roberts, yn brysur am flynyddoedd yn sisyrnu rhubanau wrth agor talpiau ohoni'n swyddogol fel cyfresi o ffyrdd osgoi. (Aeth stori ar led iddo unwaith lyncu mul pan glywodd fod rhywun wedi cael triniaeth *by-pass*, ond nad oedd gwahoddiad iddo fo i'r agoriad swyddogol.) Dal i ddisgwyl am y gobaith a addawyd mae sawl ardal hynod dlodaidd ar y ffordd. Mae ward Gorllewin y Rhyl, dim ond tafliad bricsen oddi wrthi, yn cael ei hystyried fel yr un fwyaf difreintiedig trwy Gymru gyfan. Yr eironi ydi mai dwyn swyddi wnaeth y ffordd newydd mewn sawl achos; bellach, roedd hi'n haws cyflenwi'r gogledd â phob math o nwyddau o ganolfannau dros y ffin.

Y gwir reswm dros ddatblygu'r A55 oedd fod yr awdurdodau ym Mrwsel wedi'i chlustnodi i fod yn rhan o briffordd Ewropeaidd yr E22. Yn anhygoel, bron, dyma sarff swnllyd o darmac, dan ei sang o geir a lorïau ddydd a nos, sydd hefyd yn creu cyswllt o fath rhwng Dulyn yn un pen ac Ishim yn Rwsia yn y llall. Aiff yr E22 trwy Leeds, Amsterdam, Hamburg, Malmo yn Sweden, Riga yn Latfia, Mosco, Perm ac Ekaterinburg yn Rwsia, cyn cyrraedd pen ei thaith.

Buan iawn y caiff sŵn y traffig ei foddi gan drydar adar a brefu defaid wrth i mi adael Llandudno ar f'ôl. Anodd credu mai prin filltir i ffwrdd mae twrw aflafar y dref.

Mae 'na ddwy ferch ifanc mewn dillad *chav*, tracwisgoedd llachar yn lliwiau rhyw dîm pêl-droed Seisnig neu'i gilydd, yn rhythu arna i fel twrcïod wrth geisio dadlwytho'u penolau helaeth o gar sy'n llawer rhy fychan iddynt. Mae pen un yn glaerwyn – wel, claerwyn potel, a'r gwreiddiau duon yn sgrechian dan y *camouflage* iddi gredu'r holl ffwlbri 'na am ddynion yn ffafrio merched penfelyn (nid pob un, 'nghariad bach i, nid pob un). Prysyraf yn fy mlaen, rhag ofn i'r gwgu bygythiol droi'n rhywbeth mwy cofforol; dydi'r rhain ddim yn ferched i fynd i'r afael â nhw, mewn unrhyw ystyr.

Dyma gyrraedd Penrhyn-side, pentref a ddatblygwyd er mwyn cartrefu gweithwyr yn y chwarel galchfaen gyfagos, ynghyd â'u teuluoedd. Caeodd y mwynglawdd yn 1936 ond mae rhyw olwg pentref chwarelyddol i'r lle o hyd: strimyn main o stryd fawr, a breichiau culion o darmac yn gwyro oddi wrthi i unlle'n arbennig. Does dim enaid ar y stryd yn unman, ar wahân i ddynes oedrannus yn tywys ci cachu-dan-mat efo côt gŵn dartan am ei gefn.

Does dim gobaith i mi gael mwynhau llymaid yn yr un o'r ddwy dafarn, y Cross Keys na'r Penrhyn Arms. Mae drysau'r ddau le wedi'u cau'n dynn yr adeg yma o'r dydd. Yn ôl yr arwydd yn y ffenest, dim ond fin nos y mae'r Penrhyn Arms ar agor, ar wahân i amser cinio dydd Sul. Mae arwydd mawr ar dalcen y Cross Keys yn datgan bod y lle wedi ymuno â'r llu tafarnau trwy'r wlad sydd ar werth. Ond cyn i mi dorcalonni'n ormodol, sylwaf fod 'na ysgol a photiau paent wedi'u gwasgaru'r tu mewn, a dyn wrthi'n ddygn yn mynd i'r afael â'i frwshys. Bydded goleuni, meddyliais.

Daw mwy o lwc i'm rhan ym mhentref cysglyd Glanwydden. Mae Rolls Royce Corniche IV gwyn wedi'i barcio y tu allan i un o'r tai ar Ffordd Pen-y-Bont – yn amlwg, nid Gorllewin y Rhyl mo'r fan hyn. Mae drysau'r Queen's Head hefyd yn agored led y pen ac yn erfyn arna i i fentro i mewn, fel merch heb fod cweit yn landeg mewn ffenest gochlyd yn Amsterdam. Mentrais i mewn i gyntedd oedd â mwy o awyrgylch meddygfa iddo na thŷ potas.

Deuai ton o leisiau o gyfeiriad y bar, yn gymysg â sŵn cyllyll a ffyrc yn crafu platiau. Camais i fôr o frethyn drud, mwstashys milwrol, crafatiau, a gwalltiau gwynion a gleision. Teimlwn mod i'n boddi mewn cwmwl o bersawr o'r oes a fu, a'r lle'n ogleuo fel croesiad rhwng lafant a chartref henoed. Mae'r acenion yn awgrymu'n gryf mai rosetiau glas fasa perchnogion y mwstashys yn eu gwisgo ar ddiwrnod etholiad. Dwi'n teimlo fel estron yn fy ngwlad fy hun, ac yn arswydo wrth feddwl nad hwn fydd yr unig dro y bydda i'n teimlo fel hyn yn ystod fy nhaith tua'r brifddinas.

Does neb o'r rhain yn cymryd y sylw lleiaf ohona i wrth rawio cynnwys eu prydau cig a llysiau traddodiadol o'r grefi, sydd wedi'i rannu'n daclus rhwng plât a gên. Daw merch ata i a gofyn mewn Saesneg blodeuog ai bwrdd i un dwi ei angen? Sylweddolaf o'i hacen mai Cymraes ydi hi, ac atebaf yn Gymraeg mai dim ond chwilio am baned o goffi ydw i. Mae rhyw dinc anobeithiol o unig yn perthyn i'r cwestiwn 'Bwrdd i un?', er i mi ei glywed sawl tro yn ystod fy ngyrfa fel newyddiadurwr. Mae'n debyg fod gwerthwyr ffenestri gwydr dwbl, gwleidyddion a bancwyr hefyd yn ei glywed yn lled aml. (Yn ôl y son, caiff wardeiniaid traffig eu harwain yn syth at gafn mewn twlc yn y cefn.) Yn aml, mae 'bwrdd i un' yn golygu cael eich stwffio i ryw gornel anghysurus ymhell o'r bwrlwm. Dyna sy'n gas gen i, yn hytrach na'r yfed neu'r bwyta ar fy mhen fy hun. Wedi'r cyfan, os nad ydach chi'n hoffi'ch cwmni eich hun, pwy ddiawl arall sy'n mynd i'w hoffi?

A dweud y gwir, does dim sy'n felysach nag eistedd am awr neu ddwy yn gwylio pobol eraill yn mynd trwy'u pethau. Prin fod unrhyw le brafiach i eistedd yn gwylio pobol na stryd enwog La Rambla yng nghanol Barcelona. Yno cewch wylio bywyd yn mynd heibio, i gyfeiliant adar bach yn trydar yn eu cewyll yn y farchnad wrth eich ochr. Does ond angen codi ael neu fys i hudo'r gweinydd i ddod â rhagor o goffi, gwin neu gwrw at eich bwrdd, a'r gobaith o ryw gildwrn ar y diwedd yn disgleirio yn ei lygaid.

Ond Glanwydden ydi fan hyn, a sylweddola'r ferch nad oes fawr o obaith am gildwrn o boced dyn a feiddia gamu i'r fath le i archebu paned bitw o goffi. Pyla'i gwên bast dannedd a throi'n un blastig sy'n glynu'n gelfydd ddigon ar ei hwyneb siomedig. I ffwrdd â hi am y gegin gyda'i harcheb am *cappuccino* mawr, ar ôl i mi gywilyddio rhag gofyn am y coffi powdwr rhataf oedd ganddyn nhw. Daeth fy nghoffi, efo minciag blasus mewn siocled yn y soser, a bil am £2.60 wedi'i blygu'n ddestlus. Go brin fod gwahoddiad i mi aros am ail baned, felly. Yfa dy goffi a cher!

Mae'n debyg i bawb gael y teimlad ryw dro, yng nghanol cefnfor o Saesneg, fod rhywun yn eu plith yn siarad Cymraeg. Efallai nad ydach chi'n deall be sy'n cael ei ddweud, ond mae sŵn y geiriau'n eich darbwyllo mai Cymraeg ydi'r cyfrwng. Dyna deimlwn i rŵan. Wn i ddim pam gwnes i ryfeddu cymaint a finnau brin ugain milltir o'r Fro Gymraeg, os oes y fath le'n bodoli o hyd. Efallai i holl Seisnigrwydd y dafarn wneud i mi lwyr anghofio pob gwers ddaearyddiaeth a gefais erioed. Nid ar y platiau yn unig roedd 'na datws poeth yn y Queen's Head.

Ond mae byrddaid o bobol fan draw yn mynnu torri trwy'r cefnfor o Seisnigrwydd efo llond ceg o'r heniaith. Taswn i yn Sbaen neu'r Almaen, neu hyd yn oed yn Lloegr, mae'n debyg y baswn i wedi mynd atynt ar fy ffordd allan i dorri gair. Ond diawcs, onid Cymru ydi'r fan hyn, i fod? Onid rhyfeddu at glywed Esperanto neu Cherokee y dylai rhywun? (Neu Algebra, fel y mynnai un ffrind honedig yr arferwn dorri i mewn i'w siarad yn hwyr ar nosweithiau Sadwrn – yr $a^2 = bc$ ddigywilydd iddi!) Dyma lowcio'r coffi, ac allan â mi i'r heulwen gwan ond oerllyd i fwynhau dogn o awyr iach a sawr amaethyddol iddo.

Wrth droi i'r chwith heibio talcen y dafarn hyd at ffordd ddigon cul yr olwg, buan y daw'r cyfyngiad 30 mya i ben, a chewch eich gwahodd i yrru ar gyflymder gorffwyll a hunanladdol o hyd at 60 mya. Mae nhroed dde i'n ddigon doeth i wrthod y gwahoddiad.

Dyna ddigon o din-droi yn hen gwmwd y Creuddyn. Mae'n amser i mi droi ngolygon tua'r bryniau a'r mynyddoedd y bydd yn rhaid imi eu croesi cyn cyrraedd pen y daith.

Dyma fi wedi cyrraedd pont gul sy'n croesi'r A55 swnllyd, yn dal fy anadl ac yn brysio drosti nerth f'olwynion nes cyrraedd rhyw stad ddiwydiannol o adeiladau di-serch ym Mochdre yr ochr arall.

Mae'r antur ar gychwyn o ddifri.

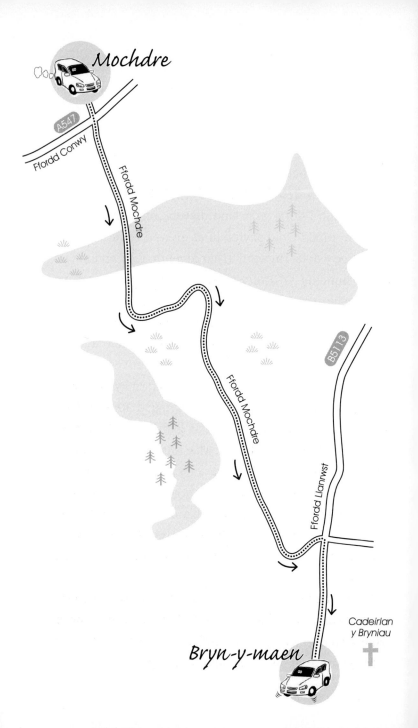

Mochdre

A547

Ffordd Conwy

Ffordd Mochdre

Ffordd Mochdre

B5113

Ffordd Llanrwst

Bryn-y-maen

Cadeirlan
y Bryniau

2

O Fochdre i Fryn-y-maen

Mae 'na sawl math o ofn. Dyna ichi'r ofn sy'n codi yn eich brest pan fydd llythyr mewn amlen frown gan bobol y dreth incwm yn clepian trwy'r twll llythyrau. Ac wedyn yr ofn yna sy'n gwneud i'ch calon rasio pan ddaw car yr heddlu y tu ôl ichi a chithau'n gyrru, er i chi wybod yn iawn nad oes gynnoch chi'r un teiar moel ac na chawsoch chi ddim byd cryfach na sudd pinafal yn y Llew Coch, ac er i'r dyn ym maes parcio Lidl addo bod y dystysgrif MOT felen ryfedd 'na werthodd o ichi am ddecpunt yn un hollol ddilys.

A beth am yr ofn pan ewch chi at y deintydd? Pa fath o gysur ydi o iddi hi geisio tynnu'ch meddwl oddi ar yr artaith efo rhyw fân siarad a holi, a chithau'n methu ateb oherwydd bod gynnoch chi lond ceg o fysedd?

'Ma hi'n oer heddiw, tydi?'

'Ng-ch-ng-ll . . .'

Ond math arall o ofn sydd newydd fy nharo i'r eiliad hon. Cafodd ei ddisgrifio orau gan Syr Alex Ferguson, y rheolwr pêl-droed o fri a'r dyn mwyaf sarrug ei olwg ar y blaned yma, fel 'squeaky bum time'. Cyn hyn doeddwn i erioed wedi dallt yn iawn be oedd hynny'n ei olygu. Rŵan mi *o'n* i, wrth erfyn ar y car i wneud ei ffordd i fyny'r allt serth a throellog o Fochdre. Mae'n debyg nad oedd diwrnod rhewllyd fel hwn mo'r amser callaf i fentro i fyny gallt y basa hyd yn oed y lori raeanu gulaf yn crafu'i hochrau ar y cloddiau, tasa hi'n mentro'i dringo.

Doedd yr argoelion ddim yn dda pan fu bron i mi wneud crempog o feiciwr ddaeth i nghwfwr i ar y gwaelod. Roedd o'n gwisgo helmed am ei ben i sicrhau nad oedd yn cael ei anafu, ond yn hollol fyddar i'r byd wrth wrando ar gerddoriaeth trwy gyrn am ei glustiau, oedd yn sicrhau ei fod mewn peryg enbyd o gael anaf, ac anaf go egr hefyd. Profodd yntau ei foment din-gwichlyd yr eiliad honno. Neu, o leiaf, mi ddaeth rhyw waedd o rywle. Ond doedd y creadur fawr gwaeth, a ddim mymryn dicach chwaith, chwarae teg iddo. Cododd ei fys canol mewn cyfarchiad digon cyfeillgar tuag ata i.

Mae'n rhyfedd be sy'n mynd trwy feddwl rhywun ar adegau fel hyn. Wyddoch chi, er enghraifft, be ydi 'plymen'? Mae pobl dda sir Drefaldwyn yn gwybod – a finnau hefyd, ar ôl priodi lodes o'r sir. Yn y modd maen nhw'n ei ddefnyddio fo, gair ydi o i ddisgrifio llif o ddŵr ar draws y ffordd a hwnnw wedi rhewi'n un rhimyn peryglus. Wn i ddim be ydi'r lluosog, ond roeddwn i'n eu diawlio nhw i gyd wrth lithro fy ffordd i fyny'r allt fel y neidr fawr 'na sy'n ystumio o ochr i ochr wrth symud, yn anarferol o chwyslyd mewn hin mor oer.

Fflachiodd bywyd y car o flaen fy llygaid sawl tro. Cofiwn y tro cyntaf i ni gyfarfod yng ngarej Gwyndaf Evans yn Nolgellau, a mynd â fo am ei wasanaeth blynyddol cyntaf, a thalu crocbris am bâr o deiars newydd iddo mewn rhyw gwt ar gyrion Bangor. Mae 'na ryw berthynas anarferol o glòs yn datblygu rhwng dyn a'i gar.

Dwi'n dal i gofio rhuo ar hyd ffordd ger Llanedwen yng nghefn gwlad Môn sawl blwyddyn yn ôl yn fy Hillman Avenger, cystal ag y gall rhech wlyb o beth felly ruo. Mentraf ddweud nad oedd y car gwyrdd metelaidd hwnnw'n hudwr sgertiau o bell ffordd – hynny ydi, ar wahân i un ferch bengoch o Amlwch a gamodd i'w fagl. Wn i ddim be oedd yn bod arni, wir. A wna i ddim datgelu ei henw, am resymau ddaw'n amlwg yn fuan. Y cysur mawr i mi oedd meddwl mai mewn brwydr rhyngof i a Hillman Avenger, siawns mai fi oedd yr atyniad. Chwarae teg, doedd y diawl peth ddim yn Lamborghini, nag oedd?

Daeth y berthynas fawr honno i ben un noson a ninnau wedi parcio ger y ffordd sy'n croesi Mynydd Parys, wrth i'r bengoch rywsut lwyddo i gael ei chorun yn sownd yn y llyw, a lastig ei bra wedi rhwymo am fy mysedd. Mawr oedd y tuchan a'r griddfan ddôi o'r car. Cafodd yr holl strach ei ddisgrifio'n fyw dros y tonfeddi, mewn sylwebaeth eiliad-wrth-eiliad gyffrous a lliwgar, gan ryw sinach mewn car arall gerllaw oedd yn ddefnyddiwr radio CB brwd. Diolch, Frankie. Mi gymerodd fisoedd i mi allu dal fy mhen i fyny'n gyhoeddus ar ôl hynny.

Ond y diwrnod hwnnw yn Llanedwen efo'r Hillman Avenger, bu'n rhaid i mi sefyll yn drwm ar y brêc pan winciodd rhyw dduwies goch o Doyota arnaf trwy lidiart agored. Ia, duwies. Efallai mai gwrywaidd ydi ceir fel arfer, ond doedd y Toyota Celica 1600ST yma'n haeddu dim llai na chael ei galw'n 'hon'. Llamodd fy nghalon fach pan welais arwydd ar y ffenest flaen yn cyhoeddi ei bod ar werth, am bris oedd ymhell y tu hwnt i ngallu. Gwyrodd ei haeliau'n rhywiol dros y goleuadau blaen i fy nghynhyrfu ymhellach, ac ro'n i'n gwybod nad oedd modd troi'n ôl. Roeddwn wedi fy swyno gan ei chorff perffaith, ei gwedd, a'r arogleuon pertaf allwch chi eu dychmygu oedd yn cael eu cludo oddi wrthi tuag ata i gan awelon braf y gwanwyn. Clywais alaw nwydus y gân serch 'Je t'aime' yn llifo tuag ataf.

Bu'n rhaid i mi godi Mr Wilias, y rheolwr banc, oddi ar y carped gwyrddlas lle buodd o'n rowlio chwerthin am eiliadau, os nad munudau.

'Dach chi am fenthyca *faint*? Ac mi ydach chi'n *ennill* faint?' gofynnodd, gan sythu ei dei a syllu arna i mewn anghredinedd trwy wydrau sbectol oedd wedi cymylu gan gymysgedd o stêm a dagrau. Gwthiodd ryw fotwm ar ei ddesg a mwmian rhywbeth dan ei wynt. Wyddwn i ddim beth i'w ddisgwyl wrth iddo edrych at y drws. Ai dynion mewn cotiau gwynion fyddai'n hyrddio trwyddo i ngwthio i gôt gwallgofddyn, 'ta haid o fleiddiaid rheibus i fy hel i o'r lle am byth? Daeth merch ifanc i mewn yn wên a chluniau i gyd, a gofynnodd Wilias iddi am ffurflen fenthyciadau. Tasgai'r chwys o'i dalcen, o'i geseiliau, ac (mae'n debyg) o wadnau ei draed wrth iddo arwyddo'r papur efo beiro grynedig. Ond mi arwyddodd. O do. Hyd y dydd heddiw fedra i ddim deall pam.

Bu'r Dduwies a finnau'n ffyddlon iawn i'n gilydd, a dwi'n cofio i mi a chyfaill gysgu ar ei seddi lledr mewn maes parcio aml-lawr concrit am wythnos gyfan pan ymwelodd yr Eisteddfod Genedlaethol ag Abertawe. Sôn am swyngwsg. Prin fod modd fy nghael o'i breichiau i fynd i wrando ar fandiau yng nghlwb nos Tito's i lawr y ffordd. 'Na, dwi'm am ddŵad. Cer di. Fyddwn ni'n iawn.' Ac mi barodd y berthynas yn hir, hyd nes i ryw hen begor ei llofruddio pan dynnodd allan o Garej Dolydd heb edrych, a chwalu ochr y Dduwies druan yn rhacs gyrbibion. Cafwyd pres yswiriant, do, ond be ydi pres lle mae cariad?

Fu'r un car byth mor agos at fy nghalon wedi hynny, fel petawn i'n bod yn amharchus o'r Dduwies taswn i'n meiddio closio at 'run arall. Nid mod i am frifo'r un presennol, wrth reswm, ond dyma fi rŵan yn helpu rhyw gloddiau diawl i fygwth ei dolcio'n ddidrugaredd. All y creadur byth faddau i mi? Doedd dim gobaith troi'n ôl ar lôn mor gul, ond pwy mewn gwirionedd fyddai eisiau ymweld â Mochdre ddwywaith mewn chydig funudau?

Does fawr i'w ddweud am Fochdre, ar wahân i'r ffaith fod y cyn bêl-droediwr Mickey Thomas yn frodor o'r lle, ac wedi byw yno erioed. Pan oedd ar lyfrau Chelsea, arferai bicio i Lundain bron yn ddyddiol ar gyfer sesiynau hyfforddi a gêmau, ond byddai'n dychwelyd adref cyn swper. Daeth yn enwog am y nifer fawr iawn o glybiau y bu'n chwarae iddyn nhw, am y gôl ryfeddol sgoriodd o dros Wrecsam yn erbyn Arsenal, ac am argraffu arian ffug. Aeth i'r carchar am hynny, a thra oedd o yno bu rhai o'i gefnogwyr yn argraffu arian efo llun Mickey arnynt yn y man lle dylai pen Elisabeth Windsor fod. Arferai gellwair, wrth drafod y cyflogau anferthol sy'n cael eu hennill yn y byd cicio gwynt heddiw, ei fod yntau hefyd yn gwneud lot o bres yn ei ddydd – hyd nes i'r heddlu ddarganfod ei beiriant argraffu!

Yn ôl un dehongliad, daw'r enw Mochdre o gainc Math fab Mathonwy yn y Mabinogi, y fan lle cafodd y cenfaint o foch cysegredig eu dwyn ohono. Yn fwy diweddar, 'nôl yn 1860, dyma'r lle cyntaf yn y byd y gosodwyd cafnau arbennig ger y rheilffyrdd i'r trenau stêm allu sugno dŵr i'w boliau heb orfod aros, na hyd yn oed arafu. Daeth hwn yn batrwm arferol wedyn ar reilffyrdd ledled y byd. Mae gorsaf Mochdre a Pabo, lle cynhaliwyd yr arbrawf, wedi hen diflannu; caewyd hi yn 1931. Mae bellach yn gorwedd o dan darmac yr A55, a'r rheilffordd wedi'i symud rywfaint i'r gogledd.

Erbyn hyn roedd yn ymddangos mod i wedi cyrraedd brig yr allt wrth i'r lôn wastatáu, a'r car a finnau allan o wynt. A beth, meddach chi, oedd yn sefyll yno'n bowld i gyd, heb wrid o gywilydd ar ei bochau? Cist blastig felen a chaead arni, a'r ysgrifen ar ei blaen yn awgrymu ei bod yn llawn o raean hallt. Daeth nifer o eiriau na ddylid eu hadrodd o flaen gweinidog yr efengyl i flaen fy nhafod.

Pwy gythraul fasa'n gosod cyflenwad o raean ar frig gallt yn hytrach nag ar ei gwaelod? Nid mod i'n credu am eiliad y baswn i wedi gallu graeanu'r lôn rewllyd yr holl ffordd o waelod yr allt. Nid dyna'r pwynt. Roedd yn rhaid cael rhywun i'w feio . . . Ffromais yn fy mlaen, gan feddwl am bob math o bethau cas y baswn yn eu gwneud i'r cynghorydd neu'r swyddog cyngor sir nesaf y baswn i'n dod ar ei draws ar fy nhaith.

Dyma gyrraedd Bryn-y-Maen a'r B5113, sy'n ymddangos cyn lleted â thraffordd o'i chymharu â'r allt o Fochdre. Yma mae Eglwys Crist, adeilad sy'n ymffrostio yn y llysenw Cadeirlan y Bryniau. Cafodd ei chodi rhwng 1879 ac 1899 gan Mrs Eleanor Frost – ddim yn bersonol â thrywel yn ei llaw, wrth reswm – er cof am ei diweddar ŵr. Ac mae'n rhaid dweud ei bod yn edrych yn ddigon

37

trawiadol a ffroenuchel yma ar yr ucheldir, fel Misus Frost ei hun mae'n debyg, wrth imi syllu ar y golygfeydd ysblennydd oddi tanaf. Ond dyna ichi enghraifft wych o rywun â chymaint o bres yn y banc fel na wyddai beth i'w wneud ag o. Dynes oedd â'r modd i godi addoldy i Eglwys Loegr, un o gyrff cyfoethocaf y wlad honno bryd hynny – sefyllfa sy 'run mor wir heddiw, o ran hynny – tra basa'r rhan fwyaf yn y cylch wedi bod yn ddiolchgar am dorth o fara i lenwi boliau'r plant, neu bâr o sgidiau ail-law.

Penderfynu gwrthod y demtasiwn i fusnesa yn y Gadeirlan yn y Bryniau wnes i, a throi i mewn yn hytrach i'r sefydliad drws nesaf – lle arall sy'n brolio'i fod yn gofalu am eneidiau coll. Dyma ganolfan yr RSPCA, yr elusen gwarchod hawliau anifeiliaid, lle daw penbyliaid hurt i chwilio am gŵn peryglus – cŵn fydd yn gwneud i'w perchnogion newydd (dynion yn amlach na pheidio) deimlo'n dipyn o lanciau wrth gael eu llusgo ar hyd y palmentydd gan eu heiddo newydd. Nid mod i'n difrïo unrhyw un sydd am gadw ci, neu unrhyw anifail o ran hynny. Mae gen i gi fy hun, rhyw gymysgedd o Dduw-a-ŵyr-be y ces i afael arno mewn canolfan debyg i hon.

Yn y cyfnod hwnnw sy'n arwain at y Nadolig, bydd papurau newydd yn aml yn llenwi'u cyfrifiaduron ymlaen llaw â straeon nodwedd digon di-ddim. Daw'r rhain yn ddefnyddiol iawn wrth i newyddiadurwyr fethu cyrraedd eu gwaith am resymau di-ri wrth i'r ŵyl agosáu, yn amrywio o fod yn dioddef effaith gor-ddathlu neu'r angen i wneud eu siopa Nadolig, neu hyd yn oed ddiogi pur. Beth bynnag fo'r gwir reswm, daw'r cyfan o dan gochl y

Cadeirlan y Bryniau

rheidrwydd i fynychu angladd Nain, hyd yn oed os mai dyna'r chweched tro i'r greadures fynd o dan y dywarchen.

A dyna sut y ces i fy hun ryw bythefnos cyn y Nadolig, yn fy nyddiau fel gohebydd papur newydd, yn sefyll ar fuarth concrit yn cael fy myddaru gan haid o gŵn glafoeriog oedd yn ysu am gael eu dannedd i ryw saig blasus ohonof. Mae rhywbeth ynom sy'n gwneud i ni feddalu wrth feddwl am gŵn truain yn treulio tymor ewyllys da mewn carchar o le fel hwn. Dyna pam mae'r wasg wrth eu boddau efo straeon o'r fath, o dan benawdau fel 'Mot heb neb i dynnu cracyr efo fo'.

Arweiniodd rhyw Mrs Simkins – dynes fawr dal yn ei chwedegau, ei gwallt wedi'i glymu mewn bynsen a'i gwisg yn frethyn da, os braidd yn wrywaidd – fi ar frys heibio celloedd y cŵn. Gwaeddai siarad, gan rowlio dyrnaid o farblis poeth o un foch i'r llall wrth wneud. Mae wedi nharo erioed mai'r math hwn o fewnfudwyr o Loegr sydd wastad yn rhedeg y llefydd hyn, hyd yn oed yn y mannau Cymreiciaf. Dyna pam mae pob hysbyseb gan ganolfannau cŵn amddifad yn erfyn arnom i roi cartref clyd i Rex neu Bouncer neu Charlie, byth Mot neu Bero.

Dyna pryd y gwnes i gyfarfod gyntaf oll â Harvey. Ci defaid o beth efo mymryn o gochni'r ci defaid Cymreig ynddo, ond ar y cyfan yn glaerwyn budr o'i ben i'w gynffon leuog. Roedd o'n denau fel brân, yn drewi fel arhosfan bysiau ar fore Llun, ond yn hynod o nerfus a heb wich o gyfarthiad yn dod o'i enau. Dywedodd Mrs Simkins drwy ei marblis nad oedd ganddo lawer o amser ar ôl cyn mynd at y milfeddyg am y tro olaf. Awgrymodd nad oedd ganddynt lawer o le, a bod y cŵn oedd wedi bod yno hiraf yn 'gorfod mynd' i wneud lle i newydd-ddyfodiaid blewog eraill.

Fues i rioed yn ddyn cŵn. Roeddwn i wastad yn dychmygu fy hun yn baglu drostynt wrth ymbalfalu am y grisiau yn y tywyllwch ar ôl noson braidd yn drom o ddathlu newyddiadurol ei naws. Ond daeth lwmp i ngwddw wrth i Harvey bledio am ei fywyd hefo'i lygaid mawr brownion. Anghofiais bob dim a ddysgais ar y cwrs newyddiadurol 'na yn Athrofa Gogledd-ddwyrain Cymru yn Wrecsam, am gadw rheolaeth ar yr emosiynau. Clywais lais rhywun yn dweud y byddai'n cymryd Harvey o dan ei adain. Roedd y llais yn swnio'n rhyfeddol o debyg i f'un i. A dyna sut, fwy na dwsin o flynyddoedd yn ddiweddarach, y mae Harvey – wedi'i hen ailfedyddio'n Pero, wrth reswm – yn dal i golli'i flew gwynion acw, yn potsian efo'i fwyd, ac yn cyfarth nerth ei ysgyfaint pan fo'r morthwylion yn curo oddi mewn i mhen. Ngwas i.

Beth bynnag am hynny, yma i Fryn-y-Maen y daw pobol o ardal eang i chwilio am anifeiliaid anwes i'w plant neu iddyn nhw eu hunain. Hen ferched bach a'u pennau'n berm glas i gyd yn ysu am gath i ganu grwndi ar eu gliniau, neu blantos wedi creu hafoc yn y tŷ nes i'w rhieni ildio ac addo cwningen iddynt – anifail y collant bob diddordeb ynddo cyn gynted ag y sylweddolant fod yn rhaid bwydo'r diawl peth a chlirio'r stwff ddaw o'r pen arall.

Daeth merch fach oedd braidd yn rhy hoff o gynnyrch McDonald's ar draws y buarth yn llaw ei thad, ei chôt yn dynn amdani a'i llygaid mawrion yn pefrio tu ôl i'w sbectol wrth freuddwydio am y ci bach roedd hi ar fin ei fabwysiadu. A mabwysiadu mae rhywun yn ei wneud mewn lle fel hyn, nid cymryd anifail nad oes neb arall â gronyn o ddiddordeb ynddo oddi ar eu dwylo.

Gwnes fy ffordd rownd y ferch gron, fel lori Mansel Davies ar gylchdro Penparcau, a ches fy nghyfarch yn y dderbynfa gan ddynes â llond pen o wallt glas. Nid glas fel pen Magi Post yn *Pobol y Cwm* erstalwm, dalltwch, ond glas llachar fel to ffatri gwydr dwbl. Edrychai fel petai parot asur wedi dianc o Sw Bae Colwyn i lawr y ffordd ac ymgartrefu ar ei chorun. Chwythodd y ddynes fel neidr ddiamynedd wrth fethu cael ateb o ngheg ynglŷn â pham roeddwn i yno, gan mor syfrdan o'n i. Mwmiais ryw gelwydd am chwilio am anifail anwes i nai neu nith, neu'r ddynes drws nesaf, a ches fy ngorchymyn yn ôl ar draws y buarth i chwilio am gymorth. Wel, doedd wiw i mi gyfaddef mai busnesa'n unig oeddwn i. Dawnsiodd merch ifanc yn llawn asbri ataf gan gynnig mynd â fi i weld ei theulu bach blewog. Mae'n rhaid bod yn genfigennus o bobol fel hyn sy'n mwynhau eu gwaith cymaint er gwaetha'r holl sŵn a'r carthu.

Ces rybudd i ofalu rhag i un o'r cathod ddianc o'u cwt. Wrth wthio'r drws yn agored cyfarchwyd fi gan lond clust o ganu gwlad. Rhyw ferch oedd yn brefu. Cân drist am ddyn yn syrthio o dan drên wrth drio lluchio llwch ei ddiweddar gi defaid dros y rheilffordd, ac yntau ar ei ffordd i angladd ei bumed wraig, hithau newydd gael ei sugno i farwolaeth gan fampir o Dransylfania – neu ryw stori hynod debyg. Hisiodd un o'r cathod arna i o'i chawell yn y gongl. Deallwn ei phryder yn iawn, er nad oedd ei hymddygiad yn ei gwneud yn debygol iawn o ddod o hyd i gartref newydd yn fuan. Gofynnais i'r ferch lawn asbri beth oedd y rheswm dros y gerddoriaeth. 'Er mwyn cadw cwmni i'r cathod,' meddai â gwên, gan bwyntio at set radio oedd yn swatio o dan ryw fwrdd mewn cywilydd. 'O,' meddwn innau – a meddwl yn syth,

'Ond canu gwlad?' Chwyrlïodd cant a mil o syniadau am ffyrdd eraill o arteithio cathod trwy fy meddwl, heb yr un ddelwedd o Doreen Lewis na John ac Alun ar eu cyfyl.

Ces fy mrasgamu ymhellach drwy'r lle, a nghyflwyno i fyrdd o gŵn. Gwelais ffured â golwg hynod fileinig ar ei hwyneb, fel Rod Richards wedi codi'r ochr anghywir i'r gwely, a chwningod y basa'r ffured wedi bod wrth ei bodd yn dod ar eu traws i lawr rhyw dwll tywyll ar noson ddileuad. Mewn stafell ddrewllyd arall roedd llond y lle o lygod yn rhedeg reiat mewn cistiau bach pren, yn bridio pymtheg y dwsin. Rŵan, does gen i ddim byd yn erbyn y syniad o lygod yn mwynhau cwmni ei gilydd, ond mewn byd lle mae 'na ffatrïoedd cyfain yn cynhyrchu gwenwyn a thrapiau i'w difa, ydi o mewn gwirionedd yn gwneud synnwyr i'r RSPCA annog llygod bach i epilio? Dim ond gofyn.

Diolchais i Miss Asbri am ei chwmpeini, gan ddweud y baswn yn ystyried y syniad o 'fabwysiadu' un o'i phlantos blewog. Es yn fy mlaen tua Chaerdydd gan feddwl am y byd rhyfedd 'ma rydan ni'n byw ynddo.

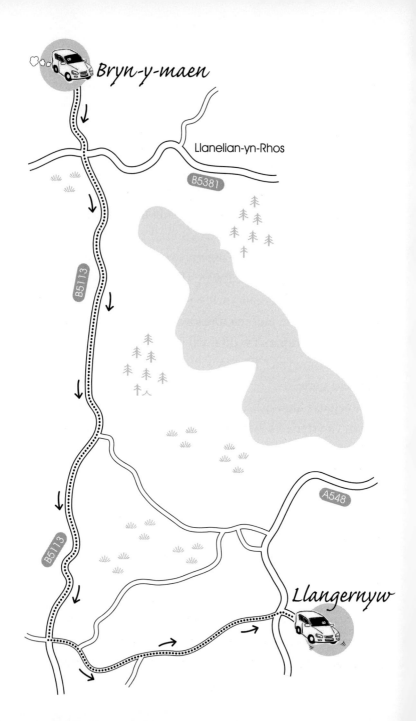

Bryn-y-maen

Llanelian-yn-Rhos

B5381

B5113

B5113

A548

Llangernyw

3

O Lanelian i Langernyw

Rhyw reid cae ffair o ffordd ydi'r B5113, sy'n cychwyn tua'r de o gyrion Bae Colwyn. Mae gyrru ar ei hyd bron cynddrwg â thaith chwydlyd i Ddulyn ar y llong o Gaergybi pan fydd Môr Iwerddon mor ffyrnig â gwraig Wyddelig sy'n disgwyl ei gŵr adref o'r tŷ potas. Ac er bod y golygfeydd yn ddigon trawiadol (pan fo'r niwl yn clirio'n ddigonol i gael cip drwyddo am eiliad neu ddwy), digon undonog ydyn nhw ar ôl peth amser.

Wrth gwrs, gallai rhywun ddargyfeirio rhyw ychydig ac anelu am Lanelian-yn-Rhos (Llaneilian-yn-Rhos yn wreiddiol). Nid bod rhyw lawer yn y pentref bach hwnnw. Pan alwodd y Sioni-bob-dim hwnnw, Edward Lhuyd, heibio yn 1699, ysgrifennodd nad oedd dim yno heblaw am eglwys, tafarn, a 'phedwar neu bump o dai'. Erbyn heddiw mae'r nifer wedi cynyddu i tuag ugain. Mae Eglwys St Eilian yn sefyll wyneb yn wyneb â thafarn y Llew Gwyn, yn sgyrnygu ar ei gilydd ar draws pwt o gowt wedi'i balmantu â cherrig bychain hynafol y mae'n rhaid i'r ddau sefydliad ei rannu.

Y tro diwethaf i mi fod ar ymweliad â Llanelian, roedd tair o ferched yn eu hoed a'u hamser yn sefyll ar y cowt, ffrwynau eu ceffylau'n dynn yn eu dwylo a'r meirch yn gweryru'n isel yn eu hanesmwythyd. Chwarddai'r tair ddanheddog yn annaturiol o uchel, fel clagwyddau yn erlid llwynog, wrth lymeitian sieri bach yr un. Wel, dwi'n dychmygu mai sieri oedd ganddyn nhw. Doeddwn i ddim am fentro gofyn rhag ofn iddyn nhw feddwl fy mod yn cynnig un iddyn nhw. Diod, felly.

Roeddwn innau'n chwerthin hefyd, yn ddigon tawel i fod yn gwrtais er gwaetha'u sŵn aflafar. Wel, roedd yn anodd peidio, o'u gweld wedi'u gwasgu i'r trowsusau-dangos-pob-dim 'na sydd mor boblogaidd ymysg y criw marchogaeth. Roedd y rhain yn ddigon hen i wybod yn well. Gelwir y dilledyn rhyfedd hwn ar ôl dinas Jodhpur yng ngogledd India. Er ei fod yn edrych yn ddigon derbyniol pan fo corff siapus wedi'i dywallt iddo, ni ddylai'r Cenhedloedd Unedig ganiatáu i gyrff canol oed mor ddi-siâp â hyn fod o fewn deng milltir i siop jodpyrs. Tasa Llanelian-yn-Rhos ar lan y môr, mi faswn wedi ystyried rhybuddio'r tair i ofalu nad oedden nhw o fewn annel taniwr harpŵn.

'Glywsoch chi fod Mrs Harrington-Smythe wedi ennill cystadleuaeth wau'r WI y noson o'r blaen?' atseiniai llais un ohonynt yn groch ar draws y cowt, gan achosi i gloch yr eglwys dincial. Dechreuais ddychmygu'r gystadleuaeth chwyrn roedd hyn wedi'i olygu. Rywle yng nghornel wirionaf fy meddwl gwelwn wraig ganol oed yn gorwedd yn gelain mewn cwpwrdd yn rhywle, â phâr o weill gwaedlyd wedi'u gwthio i'w chefn.

Penderfynais nad oedd yn weddus i mi wrando mwy ar gyfrinachau mor eithriadol o bersonol, a brysiais heibio iddynt a giât yr eglwys am ddrws y dafarn. Pur anaml y gwelwch eglwys a thafarn yn closio at ei gilydd mor agos â hyn – yn gyhoeddus, o leiaf. Ond mae hanes hir ac anrhydeddus i'r berthynas hon; cyn belled yn ôl ag OC 722 ceir cofnod fod pwysigion yr eglwys yn troedio i'r 'dafarn drws nesaf' ar ôl gwasanaeth i fwynhau llymaid am ddim. A'r esgid fach yn gwasgu mwy ar dafarnau na hyd yn oed ar eglwysi erbyn hyn, mae disgwyl i bobol y goler gron, bellach – och a gwae – dalu am eu cwrw.

Ond does dim awydd arna i i wthio trwyn y car tua Llanelian heddiw, felly dyma wibio ymlaen am Langernyw. Nid fod rhyw lawer yn y pentref hwnnw chwaith, ond mae'n werth treulio rhywfaint o amser yno.

Dyma gartref plentyndod Syr Henry Jones. Pwy, meddech chi? Rhag eich cywilydd! Cododd y dyn mawr hwnnw o'i wreiddiau syml yn fama i fod yn athro Athroniaeth Foesol ym Mhrifysgol Glasgow. (Fel tasan ni'r Cymry'n ddigon sicr o'n hathroniaeth foesol ein hunain i allu anfon cenhadon at yr Albanwyr.) Cafodd ei fagu mewn bwthyn bychan yng nghanol y pentref sydd bellach yn amgueddfa hynod ddiddorol. Neu dyna a ddywed ei

Ywen Llangernyw

thaflenni. Alla i ddim eilio hynny mewn unrhyw fodd, gan fod y drws yn dynn ynghau er i mi roi f'ysgwydd yn ei erbyn deirgwaith, cymaint oedd fy awydd i weld y llofft lle byddai'r teulu o chwech i gyd yn cysgu. O ystyried y diffyg preifatrwydd, y syndod mwyaf oedd i'w rieni lwyddo i epilio bedair gwaith. Does dim cywilydd yn perthyn i rai, nag oes?

Wrth i mi fwytho'r boen yn fy ysgwydd, gwelais arwydd yn dweud bod y lle ynghau o ddydd Sadwrn tan ddydd Mawrth, ac ar ben hynny mai o fis Mai hyd fis Medi yn unig roedd o ar agor. Pa dwmffat fasa'n cau amgueddfa dros y penwythnos, yr union adeg y basa'r rhan fwyaf o ymwelwyr tebygol sy'n mynd allan i ennill eu bara beunyddiol yn gallu picio i mewn? Yna edrychaf yn fanylach ar yr arwydd, a gweld ei fod yng ngofal Cyngor Bwrdeistref Sirol Conwy.

Mae rhyw ddynes yn edrych yn amheus arna i wrth i mi wthio giât eglwys St Digain ar agor, a'r wich yn atseinio ar hyd y stryd wleb. Ym mynwent yr eglwys yma y gwelir un o'r pethau byw hynaf yng Nghymru – coeden ywen anferthol sydd â llond pen o ddail bob haf, er bod rhai yn amcangyfrif ei bod yn 4,000 mlwydd oed. 5,000, medd eraill. Be ydi mil o flynyddoedd rhwng cyfeillion?

Yma hefyd y ceir dau faen hir hynafol efo croes wedi'i naddu ar y ddau rywbryd yn y gorffennol pell. Ond nid wedi dod yma i weld coeden na chroes ydw i; yn hytrach, dwi yma i chwilio am fedd Siôn ap Robert. Mae rhai yn y parthau hyn sy'n dal i gredu'r hen stori am yr Angel Angau. Yn ôl y sôn, bydd yn ymddangos ddwywaith y flwyddyn yn yr eglwys – noson olaf Gorffennaf a noson Calan Gaeaf – gan gyhoeddi mewn llais dwfn a phrudd-glwyfus enwau pawb o'r ardal fydd yn marw dros y misoedd nesaf.

Mae'n debyg i Siôn druan, teiliwr lleol oedd braidd yn rhy hoff o'i ddiod, amau bodolaeth yr Angel Angau, a chael ei herio gan ei gyd-yfwyr un nos Calan Gaeaf i fynd i'r eglwys i brofi ei wrhydri. Wrth iddo gyrraedd, fferrodd ei waed pan glywodd ei enw fo'n cael ei adrodd allan o'r tywyllwch. Plediodd nad oedd ei amser wedi cyrraedd eto (fel basa rhywun, o fod yn yr un sefyllfa). Ond o dan y dywarchen yr aeth Siôn cyn pen y flwyddyn.

Fferrodd fy ngwaed innau hefyd, yn fwy oherwydd y niwl nag unrhyw Angel Angau, ac anghofiais bopeth am y bedd. Penderfynais anelu am y dafarn drws nesa, lle, yn ôl pob tebyg, y bu Siôn yn llymeitian y noson

Y Stag, Llangernyw

dyngedfennol honno. Mae'r Stag yn llawn cymaint o amgueddfa â hen gartref Syr Henry i fyny'r ffordd, yn llawn trugareddau rhyfeddol, a dau ben carw uwchben clamp o dân agored yn edrych yn druenus i nghyfeiriad wrth i mi agor y drws.

Un cwsmer arall sydd 'na yn y lle heddiw, ac mae yntau a'r ferch tu ôl i'r bar yn torri'u sgwrs yn fyr wrth i mi agosáu ac archebu sudd ffrwythau. Mae wastad yn fy rhyfeddu pam mae pobol mor amharod i ddal ati i sgwrsio wrth i rywun arall ddynesu. (Ar wahân i ferched danheddog mewn jodpyrs, wrth gwrs.) Ond am be ddiawl roedd y rhain yn siarad mor gyfrinachol? Oeddan nhw'n ystyried dwyn o fanc? Neu sefydlu cangen o al-Qaeda neu'r FWA, tybed? Oeddan nhw, efallai, yn trafod bod yn anffyddlon i'w gwŷr / gwragedd / cariadon gartref? Anodd credu hynny yn yr achos yma, rywsut, gan ei bod hi'n ifanc a siapus ac yntau'n hen a boliog . . .

Setlais efo'm sudd oren a melon ar sgiw gerllaw, yn ddigon pell i beidio ag amharu ar eu sgwrs ond yn ddigon agos i glywed pob gair. Brolio roedd y dyn, fel y gwna pob dyn mewn oed yng nghwmni merch ifanc: 'Faswn i'n gallu gwneud gwaith dentist a'm llygaid wedi cau,' meddai. Fflachiodd delweddau digon rhyfedd drwy fy meddwl. Ond dyna'r drwg o glywed hanner sgwrs: mae'r dychymyg yn mynd yn drech na rhywun. Ond gwnes nodyn ymenyddol i beidio â mynd at unrhyw ddeintydd o fewn hanner can milltir i Langernyw, jest rhag ofn.

Trodd y ddau i rythu arna i wrth i mi biffian chwerthin i'm horen a melon, ac er mwyn arbed embaras daliais lygaid y ceirw fel taswn i wedi'u nabod nhw rioed. Dechreuodd fy nychymyg redeg reiat wrth i ambell atgof o hanesion am Langernyw lifo'n ôl.

Cofiwn gyn-blismon y pentref yn sôn wrtha i am yr oriau llac yr arferai'r tafarnau lleol eu cadw, a sut y byddai yntau ambell noson yn gorfod rhoi cnoc ar y drws ymhell ar ôl amser cau a thwrw mwynhau yn llifo trwy'r ffenestri. Nid i godi ofn ar y cwsmeriaid, fel rhyw Angel Angau mewn helmed, ond i ymuno efo nhw ar ddiwedd ei shifft hwyr.

Cofiwn hefyd am y strach a gododd pan gyhoeddwyd bod perchnogion hen blasty Hafodunos gerllaw, fu gynt yn ysgol breifat ac yn gartref henoed, am ei weddnewid i fod yn westy i bobol hoyw. Mawr fu'r protestio'n lleol yn erbyn y syniad. Mae'n anodd meddwl beth oedd yn byrlymu trwy eu dychymyg: rhagfarnau wedi'u llunio gan flynyddoedd o wylio delweddau hurt ar y teledu gan ddigrifwyr fel Freddie Starr, mae'n debyg. Oeddan nhw'n dychmygu eu tafarnau'n cael eu cymryd drosodd gan ddynion efo garddyrnau llipa, crysau pinc a chrafatiau wedi'u clymu am eu gyddfau, neu ferched di-siâp efo gwalltiau byr a'u hedrychiad yn fygythiol? Neu hoywon yn cuddio tu ôl i wal mynwent yr eglwys yn barod i gipio pobol a'u troi nhw'r ffordd arall? Duw a ŵyr. Beth bynnag, cafodd Hafodunos ei ddifrodi'n ddrwg pan roddwyd o ar dân yn fwriadol yn 2004. Ni fu'n rhaid i neb boeni am hoywon yn rhedeg reiat o amgylch Llangernyw ar ôl hynny, yn cipio calonnau eu meibion a'u merched, a bellach mae'r plas yn cael ei adfer fel cartref preifat.

Chwarddais eto, yn uwch y tro hwn. Peidiodd y mwmial wrth y bar, ac edrychodd pedair llygad yn hyll tuag ataf, fel petawn innau hefyd newydd gerdded i mewn yn gwisgo crys pinc a chrafat – a dim cerpyn arall. Pesychais, a chodi i wneud fy ffordd tua'r tŷ bach, yn rhannol er mwyn osgoi eu llygadrythu, ond hefyd oherwydd rhesymau mwy ymarferol yn ymwneud ag yfed sudd ffrwythau.

Llefydd digon rhyfedd ydi tai bach tafarndai. Wel, rhai'r dynion, o leiaf. Yn aml, bydd peiriant gwerthu sachau atal cenhedlu ar y wal, peiriant na fyddai neb yn ei ddefnyddio'n hollol agored yng nghwmni person arall. Yna dyna ichi'r enwau timau pêl-droed estron wedi'u crafu i'r paent, neu wahoddiadau i ffonio hwn-a-hwn neu hon-a-hon os am glamp o amser da. Ond, yn llawer rhy aml, cewch yr arwyddion dwl 'ma allwch chi eu prynu mewn caeau ffair neu siopau punt – dach chi'n gwybod y rhai sydd gen i dan sylw – y rheiny sy'n gofyn ichi beidio â thaflu eich sigarét i'r cafn piso oherwydd y byddai hi'n anodd i'w haildanio ar ôl gwlychu. Eraill yn erfyn arnoch i anelu'n gywir a sefyll yn nes gan nad ydach chi hanner mor nobl ag rydach chi'n ei ddychmygu. Y syniad mwyaf hurt i mi ddod ar ei draws ydi'r dalennau o bapurau newydd y dydd wedi'u fframio, neu'n waeth fyth y bwydlenni, sy'n wynebu'r dynion wrth wagio'r bledren mewn tafarnau o eiddo cwmnïau fel Wetherspoon. Ai fan'no ydi'r lle gorau i benderfynu rhwng brechdan gaws a stecen a sglodion? A phwy mewn difri calon sy'n mynd i sefyll yno'n ddigon hir i gael amser i ddarllen tudalen flaen *The Times* neu'r *Western Mail*? Y *Sun*, efallai, neu'r *Star*, neu hyd yn oed *Y Cymro*. Ond byth y *Western Mail*.

Camais i mewn i'r caban clyd, ac eiliadau'n ddiweddarach, wrth baratoi i ymadael, cafodd fy llygaid eu denu gan rywbeth sgleiniog gyferbyn â'r drws. Fforc, myn diain i, wedi'i chipio oddi ar fwrdd bwyd a'i gosod yno i ddal ail ddrws ynghau. Ail ddrws! Union gyferbyn â'r un y des i i mewn drwyddo.

Fflachiodd llun i'm meddwl o dafarn a swyddfa trefnydd angladdau yn Wexford yn Iwerddon, y ddau fusnes yn cael eu rhedeg gan yr un person o'r un stafell. Un bore Sadwrn yn dilyn nos Wener go egr gan garfan ohonom ni'r Cymry, clywyd gwich yn dod o'r tŷ bach lle roedd un o'n criw wedi diflannu iddo ers peth amser. Roedd drws arall yr ochr groes i'r un yr aeth trwyddo wedi agor yn annisgwyl, a chanfu ei hun yn eistedd yn ei ogoniant yn edrych ar ruthr y siopwyr yn brysio heibio iddo ar y palmant.

Gwyddelod, meddwn wrthyf fy hun rŵan, gan wenu. Tydyn nhw'n gwneud pethau mor wahanol i ni? Dechreuais ddychmygu be oedd tu ôl i'r ail ddrws yma yn y Stag. Meddyliais am fwcedi a mopiau a brwshys yn syrthio'n un swp ar fy mhen wrth i mi ei agor. Oedais, gan ystyried a ddylwn i feiddio busnesa yng nghypyrddau pobol eraill. Ond, diawch, onid oedd gen i lyfr i'w sgwennu? Hen ddigon o reswm dros fusnesa, siawns. Dyletswydd, hyd yn oed. Chwiliais drwy mhocedi am fenig i guddio fy olion bysedd, ond yn ofer.

Dyma afael yn y fforc efo bysedd crynedig, a pharatoi i'w thynnu o'i lle. Ond cyn i fwcedi dincial ar fy mhen, fel atsain o Ddafydd ap Gwilym mewn trafferth mewn tafarn arall, clywais leisiau'n dod trwy bren y drws. Dau ddyn yn trafod. Ac yna sŵn sosban yn cael ei gosod yn glep ar fwrdd, ac un arall yn diasbedain ar hyd y llawr. Sŵn cegin yn cael ei pharatoi. Rhedodd chwys oer i lawr fy ngwar, a diolchais i'r drefn nad oeddwn wedi agor y drws. Be faswn i wedi medru'i ddweud i gael fy hun o'r twll? Cogio mai dyn o'r cyngor oeddwn i, ella, wedi dod ar ymweliad annisgwyl i gael golwg ar faterion glanweithdra, efo beiro'n hofran uwch fy nghlust a chlipbord yn fy llaw.

Gwyddelod, ddwedoch chi? Maen nhw'n gefndryd i ni, tydyn?

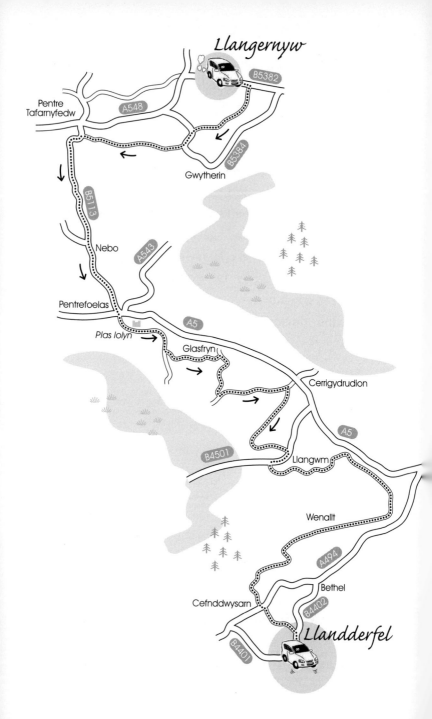

4

Pentrefoelas a Llandderfel

Mae'n ymddangos fel petai Pentrefoelas wedi cau am y gaeaf. Peth doeth, ella, fasa imi gadw llygad allan am y peli rhyfedd 'na o chwyn a arferai rowlio i mewn i ddinas Tombstone yr un pryd â Wyatt Earp a'i frodyr yn y Plaza erstalwm.

Yn y Foelas Arms mae'r cloc uwchben y drws ochr i'r 'Farmers Bar' yn dangos ei bod yn 2.20 yn y pnawn, ond mae'r drws yma eto wedi'i gau yn dynn. Mae Tŷ Siocled Glanrafon, sydd â chaffi yn rhan ohono, hefyd ar gau.

Mae'n beth annisgwyl gweld cynhyrchwyr siocled yma ar gyrion gweundir corsiog Mynydd Hiraethog, mor annisgwyl yn wir â chanfod ffatri porc peis yn Tel Aviv. Wedi'r cyfan, nid Antwerp na Bern mo'r fan hyn, na hyd

yn oed Bourneville, ond mae arwydd yn y ffenest sy'n dweud eu bod yn derbyn yr ewro yn ogystal â'r bunt yn awgrymu bod yma uchelgais am bethau mwy. Trueni nad ydynt yn derbyn na phunt nac ewro gen i heddiw, cymaint ydi fy awydd i ddianc o'r hin afiach.

Ac nid dyma'r unig le yn y pentref sydd â'i lygad ar y farchnad ryngwladol. O naci. Ar y ffordd i mewn o gyfeiriad Nebo – pam, o pam, mae pob man a enwir ar ôl y bryn beiblaidd mor uffernol o ddisylw ac anial? – dof ar draws adeilad o gerrig efo golau larwm yn fflachio arno. Gwelaf mai hwn ydi'r hen ladd-dy, ac yn ôl yr arwydd arno dyma bellach swyddfa Spanish Property Services (UK). Pencadlys cwmni rhyngwladol yma ym Mhentrefoelas, myn diain i.

Mae arwydd arall yn gwahodd rhywun i gamu i mewn i fwynhau 'arddangosfa'. Wrth i fysedd meinion oer y gwynt sy'n chwipio heibio o'r Hiraethog gymryd tro gwag a cheisio cynhesu eu hunain i fyny coes fy nhrowsus, teimlaf ryw wefr gynnes yn fy mynwes wrth i fy nychymyg redeg yn wyllt. Efallai fod rhyw wydriad o Rioja ac ambell ddanteithyn o dapas yn fy nisgwyl – deryn to wedi'i ffrio neu rywbeth tebyg. Wedyn caf fy nhywys trwy luniau o *haciendas* gwynion, crand, gan bladres o *conchita* i gefndir Diego del Gastor ar y gitâr fflamenco.

Neu efallai ddim. Mae'r drws hwn hefyd ar glo, a gwelaf nodyn yn y ffenest yn fy hysbysu bod y perchnogion wedi 'gone away'. (I Sbaen, mae'n debyg, tasa 'na unrhyw synnwyr cyffredin yn perthyn iddyn nhw.) Nid mod i'n

Porth eglwys Pentrefoelas

gweld unrhyw fai arnyn nhw, er gwaetha'r siom o orfod mynd heb fy nhapas.

Dyma benderfynu'i hanelu hi am yr eglwys ar draws y ffordd, gan wybod bod ynddi arddangosfa am hanes Llywelyn Fawr, oedd â chysylltiadau cryf â'r ardal. Arferai colofn o garreg wyth troedfedd o uchder sefyll yn y pentref, efo arysgrif sy'n gymysgedd o Gymraeg a Lladin wedi'i naddu iddi, yn cofnodi rhodd Llywelyn o dir yn y cwmwd hwn i Abaty Aberconwy yn 1198. Yn

60

anffodus, erbyn hyn allwch chi ddim gweld Carreg Llywelyn yn unman yn agos i'w gadarnle gwleidyddol yn nhywysogaeth Gwynedd. Mae hi wedi magu traed, ac yn cael ei chadw yn yr Amgueddfa Genedlaethol ym mhen pella'r A470 yng Nghaerdydd. Ond be sy'n anarferol yn hynny?

Ta waeth. Yn sicr, bydd digon i'm diddori am ryw hanner awr yn yr eglwys, heb sôn am gynnig cyfle i mi mochel o'r gwynt. Mae'r eglwys yn rhan o'r cynllun Drysau Cysegredig, sy'n ceisio annog pobol i ymweld â'n haddoldai.

Daeth haid o ieir i nghwfwr, a cheiliog du cribgoch, smart yn codi'r canu wrth arwain ei giwed – giang hynod heriol o greaduriaid â chyn lleied o arfau ymosodol yn eu meddiant. Wel, nid eryrod mohonynt, wedi'r cwbl. Chlywais i erioed am neb yn cael ei bigo i farwolaeth gan ieir rheibus, hyd yn oed yn nychymyg mwyaf byw Hollywood neu ffilmiau Hammer.

Mae'n amlwg na wyddai'r adar twp hyn mo ystyr y gair Paxo, neu mi fyddent wedi sbydu i'r pedwar gwynt yn hytrach na sefyll rhyngof a phorth y fynwent. Ond camais yn eofn drwy'r goedwig o blu a chlwcian, fel rhyw H. M. Stanley cyfoes, a gwneud fy ffordd tuag at ddrws yr eglwys i dalu gwrogaeth i Lywelyn. Ond, yn wahanol i Stanley, ofer fu f'ymdrechion. Ia, dyna chi, roedd drws yr eglwys hithau wedi'i gau'n dynn yn fy wyneb. Drysau Cysegredig? Mwy fel drysau caeedig.

Sylweddolais mai'r unig fodau byw i mi eu gweld hyd yma ym Mhentrefoelas oedd yr ieir a'u ceiliog. Roedd hi'n hen bryd i mi ffarwelio, er cyn lleied o amser a dreuliais yma, a cheisio anelu ar draws yr A5 sy'n rhedeg trwy ganol y pentre mor gyflym ag y gall.

Yr A5, wrth gwrs, oedd un o gampweithiau'r peiriannydd Thomas Telford. Cafodd ei hadeiladu'n fwy fel datganiad gwleidyddol nag unrhyw ymdrech i wella cysylltiadau'r rhan yma o Gymru gydag unrhyw le – yn bennaf er mwyn hwyluso'r daith rhwng Llundain a Dulyn. Y bwriad oedd ceisio caethiwo Iwerddon yn dynnach i'r undeb newydd a grëwyd yn 1800 pan gafodd senedd y wlad honno ei chymryd drosodd gan San Steffan. Serch hynny, mae'r ffordd rhwng y Marble Arch yn Llundain a Bwa'r Morlys ar Ynys yr Halen ym mhorthladd Caergybi heb os yn gampwaith. Mae'n 260 milltir o hyd, ac yn dilyn llwybr hen ffordd Rufeinig Stryd Watling, yn rhannol. Cafodd ei naddu o'r tir, ac mae bron yn hollol wastad – y graddiant byth yn fwy na 1:20 er mwyn gwneud y daith yn haws i'r goets fawr oedd yn cludo'r post i Iwerddon. Cwblhawyd y ffordd pan agorwyd Pont Grog y Borth, un arall o gampweithiau Telford, dros afon Menai yn 1826. Bellach mae'r A5 yn cael ei chydnabod fel Llwybr Treftadaeth. Mae gyrru ar ei hyd yn llawer mwy pleserus na phan oedd y ffordd droellog hon, hyd at yr wythdegau, yn brif lwybr rhwng Iwerddon a gweddill y byd.

Wedi dweud hynny, mae pryderon ym Mhentrefoelas erbyn hyn am ffyliaid yn goryrru drwy'r lle. Yn y gorffennol cafodd gwirfoddolwyr lleol yr hawl i ddefnyddio offer radar yr heddlu gan y prif gwnstabl nid anenwog, Richard Brunstrom. Hwn oedd y dyn gafodd ei lysenwi'n 'Mad

Mullah of the Traffic Taliban' gan bapur newydd y *Sun*, yn sgil ei ymdrechion digyfaddawd i atal goryrru. Bu'r heddlu'n defnyddio pob math o dactegau i ddal modurwyr oedd â'u troed dde'n rhy dynn ar y llawr, gan gynnwys ar un adeg guddio camera cyflymder mewn trelar ceffylau. A daeth y faniau Siwrne Saff, efo'r camera'n gwthio'i drwyn trwy dwll yn y cefn, yn rhemp trwy ddalgylch Heddlu Gogledd Cymru. Credai rhai'r stori bod y faniau, a'r slogan 'Arrive Alive' yn amlwg arnynt, hyd yn oed wedi cael eu parcio ar frig yr allt sy'n arwain o ganol dinas Bangor tuag at yr amlosgfa. Credai rhai hefyd fod yr holl ddirwyon a gesglid yn mynd tuag at gronfa partïon Nadolig yr heddlu!

Dwi'n mynd heibio Plas Iolyn, cartref yr uchelwr, y môr-leidr a'r bardd Tomos Prys, a anwyd yma yn 1564. Dim ond y Cymry fasa wedi meiddio magu dyn mor amryddawn o gymysglyd. Ysgrifennodd sawl cywydd am ei brofiadau ar y môr, nifer â theitlau fel 'Cywydd i ddangos yr heldrin a fu i ŵr pan oedd ar y môr'. Bachog, 'ta be? Serch hynny, mae'n cael ei gydnabod fel bardd crefftus. Yn y cywydd hwnnw adroddodd sut y cafodd ei dwyllo i gredu mai môr-ladrata fyddai'r ateb i'w holl drafferthion ariannol ar ôl gwastraffu pres ei etifeddiaeth yn nhafarndai Llundain:

> Dilynais, diwael ennyd,
> Y dŵr i Sbaen ar draws byd,
> Tybio ond mudo i'r môr
> Y trawswn ar bob trysor.

Arferai honni mai fo a'i ffrindiau oedd y rhai cyntaf i smygu'n gyhoeddus ar strydoedd Llundain, a'r baco wedi'i ysbeilio oddi ar long Sbaenaidd rywle wrth ymyl yr Ynysoedd Dedwydd. Rhyfedd meddwl bod pobol yn dal i ddod â baco rhad efo nhw o'r ynysoedd gwyliau hynny hyd heddiw.

Ym mhentref cysglyd Llangwm i lawr y ffordd mae cofeb lechen sy'n atgof o gyfnod llawer mwy cythryblus yn hanes yr ardal. Roedd yn arferiad gan Eglwys Loegr gasglu 10% o holl enillion pobol er mwyn cadw'u hoffeiriaid mewn moethusrwydd cymharol. Mae'n debyg fod hynny swnio'n fargen erbyn heddiw, o feddwl faint o'n henillion sy'n cael eu bachu gan yr awdurdodau dros y ffin. Ond nid felly roedd llawer o'r werin yn ei gweld hi ar y pryd, yn enwedig amaethwyr yn y Gymru anghyd-ffurfiol lle roedd y mwyafrif wedi troi cefn ar yr Eglwys Seisnig ac yn gapelwyr selog. Yn anfoddog iawn y câi'r degwm ei dalu, a bu sawl cythrwfl yn ystod yr 19eg ganrif wrth i asiantau'r Eglwys geisio casglu eu harian.

Ar 27 Mai 1887 mentrodd y prisiwr Edward Vaughan a'r arwerthwr Joseph ap Mwrog draw i Langwm ar ran y Comisiwn Eglwysig i geisio cael gafael ar arian oedd yn ddyledus iddyn nhw. Os byddai rhai'n rhy dlawd i dalu, byddai eiddo – anifeiliaid fel arfer – yn cael eu cymryd oddi arnynt i'w gwerthu. Wrth iddyn nhw gyrraedd i ddechrau ar eu gwaith, aeth torf oedd wedi ymgasglu yn wyllt, a'u cipio. Llusgwyd nhw at Bont y Glyn lle roedd yr afon yn dawnsio dros greigiau milain 60 troedfedd oddi tanynt. Roedd rhai am luchio ap Mwrog i'r dyfroedd, ac eraill am ei hongian gerfydd ei draed hyd nes y cytunai i beidio byth â dod yn ôl i'r pentref. Gwichiai fel mochyn yn ei ofn, ac fe'i gorfodwyd i fynd ar ei liniau i ymbil am faddeuant. Bu'n rhaid iddo arwyddo darn o bapur yn addo na fasa byth yn casglu'r degwm eto yn unman yng Nghymru na Lloegr.

Cafodd 31 o ddynion eu llusgo o flaen eu gwell am eu hymddygiad, a bu'n rhaid galw am gymorth milwyr wrth i'r heddlu fethu ymdopi â'r protestiadau oedd yn ffrwydro mewn sawl ardal yn sgil y cythrwfl. Chadwodd ap Mwrog mo'i air, wrth reswm, ac mi fu'n hel trethi ar gyfer yr Eglwys am gyfnod helaeth wedyn. Ond be arall fasa rhywun yn ei ddisgwyl gan un o ragflaenwyr pobol yr Ingland Refeniw, chwedl y diweddar Wil Sam?

Cyn hir, ar ôl croesi'r A494 rhwng y Bala a Chorwen yng Nghefnddwysarn, caf fy hun yn llonyddwch Llandderfel. Ychydig feddyliai rhywun erbyn heddiw y byddai'r trên o Riwabon yn arfer taranu trwy'r fan hyn ar un adeg, ar ei ffordd i lan môr y Bermo ar arfordir Bae Ceredigion. Byddai'r trên yn sgrechian i stop yng ngorsaf y pentref o bryd i'w gilydd, ond pur anaml y gwnâi hynny i godi'r tlodion lleol. Câi'r rheiny fynd i ganu cyn meddwl camu ar drên nad oedd wedi'i fwriadu ar eu cyfer hwy a'u tebyg.

Ychydig i lawr y ffordd mae Pale (Palé Hall), sy'n westy erbyn heddiw ond a fu ar un adeg yn gartref i Syr Henry Robertson, cadeirydd y cwmni a gododd y rheilffordd yn wreiddiol. Fo hefyd oedd yn gyfrifol am ddatblygu Gwaith Dur Brymbo, ger Wrecsam, un o gyflogwyr mwyaf y gogledd hyd nes iddo gau ei giatiau am y tro olaf yn 1990. Roedd llinell ffôn arbennig yn cysylltu'r plas â blwch signals yn yr orsaf, fel rhyw ystlum-ffôn ei gyfnod. Byddai'r staff yn neidio allan o'u crwyn yn fwy dramatig na Chief O'Hara yn Ninas Gotham bob tro yr atseiniai'r gloch trwy'r lle, fel rhyw gloc larwm mewn bwced, i ddynodi bod y pwysigion ar eu ffordd. 'Rhoi fy mys yn y tân, syr? Iawn, syr. Am faint o amser liciech chi imi neud hynny, syr?'

Mae'n debyg i'r trueiniaid chwysu chwartiau, heb sôn am ddodwy brics, pan blannodd y Frenhines Fictoria ei thraed ar y platfform ar 27 Awst 1889 ar ei ffordd i gael ei diddanu yn y plas.

Ar ôl bod yn westy milwrol yn ystod y Rhyfel Mawr, ac yn ysgol feithrin i faciwîs bach o ddinasoedd Lloegr yn ystod yr Ail Ryfel Byd, cafodd y stad a'i 32,000 erw o dir ei brynu gan Ddug Westminster yn y pumdegau. Ac yntau'n un o ddynion cyfoethocaf Lloegr, unig ddiddordeb y dug yn y lle oedd yr hawliau saethu, a bu'r plas yn wag am 22 mlynedd hyd nes iddo gael ei werthu drachefn. Ond gydol y cyfnod hwn câi ei gynhesu ddydd a nos yn ddi-baid gan ddeunaw o danau trydan, yn bennaf oherwydd bod y lle'n cynhyrchu ei drydan ei hun trwy dyrbin dŵr a osodwyd yn ei le yn 1920. Mae'r tyrbin gwreiddiol yn dal i gyflenwi trydan i'r gwesty.

Gorsaf arall yn yr ardal a fodolai er budd y teulu Robertson oedd Crogen Hall Halt, lle arferai rhyw Frigadydd Skaife a'i deulu rentu'r plas o'r un enw. Mae stad y Crogen a'r plas hwnnw'n dal ym mherchnogaeth y teulu hyd heddiw, a bellach yn westy a chanolfan gweithgareddau awyr agored, ond cafodd yr orsaf ei chau yn y tridegau.

O feddwl bod rhai pobol yn byw yn y fath foethusrwydd tra oedd eraill ar yr un pryd yn brwydro i gadw'u hychydig eiddo o ddwylo beiliaid Eglwys Loegr, doedd dim syndod fod drwgdeimlad yn cnoi'r werin a gwynt chwyldro yn yr awyr. Ac â'r Rhyddfrydwr tanbaid o Gymro, David Lloyd George, wrthi â'i lwy bren enfawr yn rhoi tro yn y potes gwleidyddol, fyddai hi ddim yn hir iawn cyn i'r uchelwyr orfod wynebu bygythiad i'w heiddo a'u statws ymhell y tu hwnt i'w dychymyg.

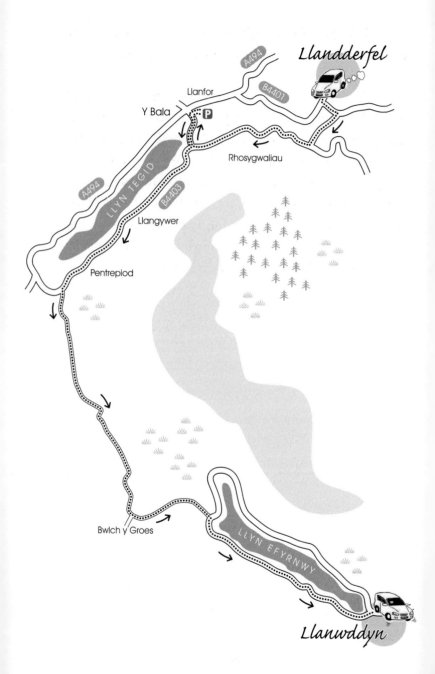

5

Y Bala, Bwlch y Groes a Llanwddyn

Mae 'na gynnwrf mawr yng Nghaffi'r Cyfnod yn y Bala wrth i drelar aros y tu allan, wedi cael ei ddal yn y traffig.

'Ewadd, buwch 'ta tarw sy yn honna, John?' gofynnodd y ferch oedd wedi cludo brechdan gig moch i mi eiliadau ynghynt, cyn setlo i lawr yn ôl efo'i ffrindiau ar fwrdd cyfagos.

'Wn i ddim, alla i'm gweld,' atebodd John, cyn codi'n hamddenol i osod ei drwyn yn dynn ar wydr y drws. 'Buwch, dwi'n meddwl.'

'It's not a buwch, it's a tarw,' anghytunodd dyn y bu John yn rhannu bwrdd ag o – Eidalwr o dras, fasa rhywun yn tybio, o'i acen a'i bryd a gwedd.

Cytunwyd i anghytuno ac aeth pawb yn eu holau i droi eu te neu i drafod materion y côr. Mi benderfynais innau roi fy holl sylw i'r frechdan, rhwng dau feddwl ddylwn i ofyn am Valium i'w rhoi yn y te yn lle siwgr os oedd llawer mwy o'r cyffro 'ma i ddod.

Wythnosau'n ddiweddarach, daeth dyn ata i yng nghyffiniau Cricieth, awr dda o'r Bala, gan ofyn i mi: 'Roeddech chi yng Nghaffi'r Cyfnod yn ddiweddar, toeddach?' John oedd o, ac roedd wedi cofio fy ngwep er nad o'n i wedi yngan gair ac wedi ceisio cuddio fy hun tu ôl i'r frechdan a'r botel sos coch. Tref felly ydi'r Bala. Aiff bywyd yn ei flaen yn hamddenol a hynod Gymreig, er bod rhyw duedd ddiweddar ymysg rhai o'r to iau i wneud defnydd o Saesneg clapiog.

Wrth fy mhasio ar y stryd yn y Bala, mae plismon cynorthwyol mewn cap pêl-fas – un o'r plismyn plastig, chwedl rhai – yn fy nghyfarch yn Gymraeg, gan wneud rhyw sylw dibwys am y tywydd.

Dyma ddod at Garej Henblas – un o'r llefydd prin rheiny lle mae'r pympiau petrol yn cael llonydd i fod reit ar y palmant yng nghanol y stryd fawr, a hynny heb i'r bobol iechyd a diogelwch fynd i stêm am fod peryg i'r Bala gael ei chwythu i fyny i ebargofiant. Ac yng ngarej Moduron y Bala ym mhen pella'r stryd fawr, daw dyn allan i roi petrol yn y tanc heb i chi symud modfedd o'ch sedd.

Cofiaf am ddyn go flin, Sais mewn cap stabl, fu'n gwneud gwaith tebyg mewn modurdy yng nghyffiniau Caernarfon erstalwm. Arferai cyfaill i mi dynnu i mewn at y pympiau bob tro y byddai hi'n pistyllio'r glaw, gan agor y ffenest lai na hanner modfedd a gofyn i Mr Blin am werth hanner can ceiniog neu ryw lond gwniadur arall tebyg o danwydd. Byddai ei wedd borffor yn bictiwr.

Dydyn nhw'n sicr ddim yn byw bywyd bras yn y Bala. Ryw ddeuddydd neu dridiau'r wythnos mae sinema Neuadd Buddug, sy'n edrych fel tasa fo wedi'i godi fricsen wrth fricsen o stryd gefn rywle yn Albania a'i ailblannu yma *à la* Sain Ffagan, ar agor.

A sylwaf ar arwydd mewn ffenest siop yn gwahodd rhywun i dreulio'i nos Fawrth mewn noson agor-yn-hwyr mewn siop trin gwallt. O, rhowch gorau iddi, wnewch chi? Alla i ddim dal yr holl gynnwrf. Byddant yn sôn mewn degawdau yn y parthau hyn am y dyn dieithr 'na oedd yn bwyta brechdan gig moch yn y caffi'r diwrnod mawr hwnnw pan ddaeth y trelar 'na drwodd.

'Ac mi gafodd o sos coch, hefyd.'

'Naddo, tad – sos brown gafodd o.'

Enwogrwydd, myn uffar i. O'r diwedd.

Wrth droi i mewn i'r Bala ar hyd y B4391, ac i'r maes parcio ger yr orsaf dân, roeddwn wedi mynd heibio giât fechan a rhyw gysgodfa ddisylw yr ochr arall iddi. Hon ydi terfynfa ochr y Bala o Reilffordd Llyn Tegid, un o'r rhyfeddodau hynny sy'n frith yng Nghymru, sef y cyfle i ddynion yn eu hoed a'u hamser gael chwarae trêns bach. O ia, rhaid cyfaddef mai dynion ydi'r rhan helaeth ohonyn nhw, er bod ambell ferch hefyd wedi dianc o'r ysbyty 'na ar gyfer trueiniaid sydd wedi syrthio'n glaf i wallgofrwydd y chwiban a'r stêm.

Yn ôl yr hyn a glywais i, maen nhw'n cael triniaethau dwys yno fydd yn eu clirio o'r awydd i wisgo capiau pig gloyw, codi fflagiau gwyrddion, a chamynganu enwau Cymraeg gorsafoedd. Ia, prin iawn ydi'r Cymry sy'n llwyddo i ddianc o'r ysbyty honno, yn ôl pob tystiolaeth. Efallai mai uniaith Gymraeg ydi'r llythrennau 'RH LL T' sydd ar y capiau pig gloyw, ond prin fod rhyw lawer o Gymreictod yn perthyn i unrhyw un o'r Great Little Trains of Wales.

Cofiwch, mae'n rhaid cyfaddef bod rhyw ramant yn perthyn i'r syniad o gael eich ysgytio ar 15 mya yng nghanol arogl tân a brwmstan (er ichi orfod talu crocbris am y fraint), ond nid bob dydd am fisoedd maith fel mae nifer o'r gwirfoddolwyr hyn yn ei wneud, neno'r tad. Os ydyn nhw mor hoff â hynny o fod mewn lifrai, pam nad ân nhw'n ddynion lolipop?

Dwi'n ffodus y tro yma nad ydi'r gwasanaeth tymhorol rhwng fama a Llanuwchllyn wedi ailddechrau eto ar ôl y gaeaf. Fydd dim raid meddwl am esgus i beidio â gwneud y daith bardduog. Yn bwysicach fyth, fydd dim raid imi beryglu fy iechyd – os dylai rhywun gymryd o ddifri'r rhybudd ar daflenni'r cwmni. Mi ddyfynna i fo yn y Saesneg gwreiddiol, rhag ichi golli dim o'i flas: 'The steam locomotives that haul our trains emit smoke and cinders. The Bala Lake Railway will not be held responsible for soiled clothing or cinders in the eye.'

Mi fasa honna'n un newydd i'r cyfreithwyr hawlio iawndal 'na sy'n hysbysebu ar y teledu ddydd a nos. Ond a fyddai'r cwmni'n derbyn cyfrifoldeb am golsyn poeth yn tyllu twll yn eich boch yn hytrach na llosgi'ch llygad? Dim ond gofyn ydw i. Does ryfedd fod pobol yn baeddu eu dillad os ydi'r holl brofiad mor beryglus â hyn. Mi fasa'n well gen i ddofi llewod neu ddysgu cynganeddu, dwi'n credu.

Un o ryfeddodau mwya'r ardal hon, wrth gwrs, ydi Llyn Tegid, llyn naturiol mwyaf Cymru. Gŵyr pawb am y gwyniaid sy'n byw ynddo – pysgod unigryw i'r llyn sydd wedi'u carcharu yno ers i'r rhew gilio ar ddiwedd Oes yr Iâ, tua deng mil o flynyddoedd yn ôl. Ers y dauddegau bu rhai trigolion lleol yn amlwg yn genfigennus o'r modd y defnyddir anghenfil honedig Loch Ness i hudo arian ymwelwyr i'r rhan honno o'r byd, a dechreuodd straeon ledu am greadur tebyg yn byw yn nyfnderoedd oer Llyn Tegid.

Pan gododd y straeon 'ma i'r wyneb eto tua'r saithdegau, fu hi ddim yn hir cyn i'r papurau newydd mwyaf disylwedd fachu arnyn nhw a bedyddio'r anghenfil honedig yn Tegi. (Unrhyw beth i gael sbort ar ein pennau ni'r defaid-garwyr, debyg.) Yn 1999 bu criw ffilmio o Japan yn chwilio am Tegi mewn cwch tanfor arbennig. Y ffyliaid twp. Llawer mwy buddiol, heb sôn am ratach, fasa hi iddyn nhw fod wedi picio i un o'r amryw dafarnau yn y dref i holi pa gwrw, a faint ohono, fyddai orau i'w yfed os am fod yn saff o weld y cyfaill llithrig un nos ola leuad.

Ac i fyny ym mynyddoedd y Berwyn, rhwng fan hyn a Llandrillo yr ochr arall, cafwyd straeon am greaduriaid rhyfedd eraill – rhai arallfydol y tro hwn. Y 23ain o Ionawr 1974 oedd hi pan welwyd goleuadau yn yr awyr, a'r ddaear i'w theimlo'n crynu. Tebyg na chafodd Misus Jôs na Misus Tomos y fath wefr ers i'w gwŷr fod yn llafnau ifanc. Lledodd hanesion am filwyr yn rhuthro i'r mynydd i rwystro pobol rhag mynd yn agos at y lle, ac am gyrff rhyfedd yn cael eu cludo oddi yno.

Ia, os na fedrai Penllyn ddenu pobol efo Tegi, yna pam ddim dynion bach gwyrddion o'r blaned Hurt Bost? Yr eglurhad swyddogol oedd fod daeargryn nerth 3.8 ar raddfa Richter wedi taro'r ardal am 8.38 y noson honno, a bod sêr gwib i'w gweld hefyd. Ond doedd honno ddim hanner cystal stori i'w hadrodd wrth ymwelwyr hygoelus wrth far y Llew Gwyn.

Dwi'n dilyn glan ddeheuol y llyn bron at Lanuwchllyn, cyn troi i fyny'r allt ddychrynllyd o serth a chul at Fwlch y Groes. O fan'no mae'r ffordd yn mynd ymlaen i Lanwddyn i un cyfeiriad a Llanymawddwy – gwlad y Gwylliaid – i'r llall. Roedd fan hyn yn arfer bod yn rhan o lwybr y pererinion ar eu taith o'r gogledd i Dyddewi, a gosodwyd croes arno i gynnig cysur a chyfeiriad iddynt. Lled debyg y basa fan cŵn poeth wedi derbyn croeso hyd yn oed yn fwy gwresog.

Ar y copa anial, oer a gwyntog mae 'na faes parcio, yn cynnig cyfle gwych i chi gael eich gwynt atoch yn y man uchaf yng Nghymru i fod â ffordd gyhoeddus arno, ar uchder o 545 metr (neu 1,788 troedfedd). Dyma hefyd fan cyfleus i gychwyn cerdded i gopa Aran Fawddwy, mynydd uchaf y parthau hyn, sydd heddiw â'i gorun yn mwytho cwmwl gwyn, pluog.

Bwlch y Groes

O Fwlch y Groes at Lanwddyn

Ond cyn cyrraedd y maes parcio, ac wedyn i lawr y mynydd yr ochr arall, roedd andros o daith o mlaen i, oedd yn cyflymu ymchwydd y gwaed trwy'r gwythiennau. Dydi'r ffordd gul hon ddim ar gyfer y gwangalon, efo'i llethrau diffwysol yn disgyn yn syth o'r tarmac rhychiog i berfeddion Cwm Cynllwyd islaw. Daw ymadrodd enwog Syr Alex Ferguson i gof unwaith eto.

Dwi'n ddiolchgar mai un car yn unig ddaw i nghwfwr wrth i mi wneud fy ffordd fel malwoden chwyslyd at y brig. Sylwaf mai merch ifanc sy'n gyrru ac, wrth gwrs, fel gŵr bonheddig, dwi'n gwirfoddoli i dynnu i mewn yn ddewr at yr erchwyn (ar yr ochor groes i'r lôn, i mi), er mwyn gwneud lle i ni basio'n gilydd. Wel, dyna oedd fy mwriad gwreiddiol. Pan sylweddolaf fod uchder tri neu bedwar Castell Caernarfon rhwng yr erchwyn a'r gwaelodion, caf bendro sydyn. Dwi'n cachgïo, ac yn tynnu i mewn orau gallaf ar yr ochr chwith, fy ochor i. Mae'r ferch yn gwenu, yn codi ei llaw arnaf, ac yn cario mlaen heb arafu, ei theiars brin drwch papur tŷ bach o'r dibyn.

Do, mi wnes i wrido mewn cywilydd. Ond mi oedd hi'n lleol, o leiaf. Neu felly ro'n i'n ceisio cysuro fy hun.

Doedd ryfedd yn y byd i gwmnïau Austin a Triumph ddefnyddio'r bwlch yma o'r dauddegau hyd at y pedwardegau ar gyfer profi eu ceir, ac iddo ddod yn enwog ymysg y frawdoliaeth beiciau modur fel lle i ddod i brofi'ch gwrhydri. Yn y saithdegau a'r wythdegau defnyddid y bwlch fel y ddringfa anoddaf i gyd yn y ras feiciau o amgylch Prydain – y Ras Laeth, fel y câi ei galw.

Y groes bren wrth y gyffordd

Mae hi'n duedd gan y Saeson i newid enwau daearyddol Cymraeg na fedran nhw mo'u hynganu. Dyna sut y bydd dringwyr yn cyfeirio at Glogwyn Du'r Arddu yn Eryri fel yr erchyll 'Clogi', a deifwyr at dwll chwarel Dorothea yn Nyffryn Nantlle fel 'Doti'. Trodd Bwlch Gorddinan yn Crimea Pass, a Bwlch yr Oernant yn Horseshoe Pass. Yn yr un modd, cafodd enw hynafol y bwlch hwn ei ddisodli gan yr anfaddeuol Hellfire Pass. Corddai hyn y bobol leol, yn arbennig o ystyried arwyddocâd ysbrydol yr enw gwreiddiol hyfryd, Bwlch y Groes. Yn wir, yn 1989 mi gerddodd mintai o bobol i fyny'r bwlch gan gario croes bren i'w gosod yno ar ochr y ffordd, i gymryd lle'r un flaenorol oedd wedi hen ddiflannu, ac er mwyn adfeddiannu'r enw Bwlch y Groes. Mae'r groes yn dal yno hyd heddiw, ger y gyffordd am Lanwddyn.

Gyda rhyddhad y gwela i ddyfroedd gleision Llyn Efyrnwy yn gwenu arnaf trwy'r coed, a sylweddoli bod yr hunllef drosodd. Gallaf anadlu unwaith eto. Yma yn rhywle, yng nghanol y 24,000 erw o goed sy'n amgylch-ynu'r llyn, y mae coeden dalaf Gymru – pinwydden 60.62 metr o uchder. Etifeddodd y teitl yn 2011 pan fu'n rhaid torri ei chymydog 63.79 metr i lawr ar ôl i'r goeden 124 mlwydd oed honno gael ei difrodi gan wyntoedd cryfion. Ofni iddi syrthio ar ben rhai o'r myrdd ymwelwyr oedd yn heidio yma roedd yr awdurdodau. Ac maen nhw'n *dal* i ddod yma yn heidiau, o gyn belled â Lerpwl a Birmingham, i fwynhau'r llwybrau, i hwylio neu ganŵio, neu i wylio adar.

Diwedd y byd?

Nid llyn ydi Efyrnwy mewn gwirionedd, wrth gwrs, ond cronfa ddŵr a adeiladwyd pan foddwyd pentref Llanwddyn gan Gorfforaeth Lerpwl yn niwedd y 19eg ganrif. Mae bellach ym mherchnogaeth cwmni dŵr Hafren–Trent, adnodd Cymreig pwysig arall sydd â'i reolaeth yn rhywle arall. Yn 2012 cyhoeddodd Hafren–Trent eu bod am werthu dŵr i rannau sychedig eraill o Loegr.

Prin ydi'r sylw gaiff Llanwddyn a'i bobol o'i gymharu â Chapel Celyn a Thryweryn, ond yr un oedd y trychineb. Gwaeth, os rhywbeth. Roedd pentref Llanwddyn wedi'i sefydlu yn yr Oesoedd Canol, ac erbyn 1871 roedd ynddo eglwys blwyf, dau gapel, swyddfa bost, tri thŷ tafarn, deg ffermdy a 37 o dai eraill. Roedd poblogaeth y pentref yn 443. Disodlwyd y cyfan pan foddwyd y pentref, er i rai haneswyr fynnu bod y bobol yn falch o adael eu hofelau yn y cwm am y tai newydd cyfoes a godwyd iddynt. Ond onid y gorchfygwyr sydd wastad yn cofnodi'r hanes?

Pentref newydd ydi'r Llanwddyn sy'n bodoli heddiw wrth droed yr argae, ac mae stad dai Abertridwr i lawr y ffordd hefyd yn rhan o'r adleoli a ddigwyddodd. Ar ymweliad blaenorol ag Abertridwr y gwelais i bennawd papur newydd a arhosodd yn fy nghof. Roedd wedi'i sgrifennu ar hysbyslen y *Shropshire Star* – y papur dyddiol mwyaf poblogaidd yn y parthau hyn – ac wedi'i osod y tu allan i siop bentref Llanwddyn. Roedd rhyw wyddonwyr yn y Swistir am gynnal arbrawf niwclear mewn twnnel o dan yr Alpau, a chaed darogan gan rai pennau defaid y basa hynny'n golygu diwedd ar ein daear. Wrth ddeffro'r bore ar ôl y diwrnod tyngedfennol honedig, câi darllenwyr y *Shropshire Star* eu cyfarch â'r newyddion ar y dudalen flaen: 'World Doesn't End'. Pwy sy'n honni nad oes 'na byth newyddion llon yn ein papurau, dwedwch?

Ond dagrau pethau oedd fod y byd *wedi* hen ddod i ben i'r hen Lanwddyn.

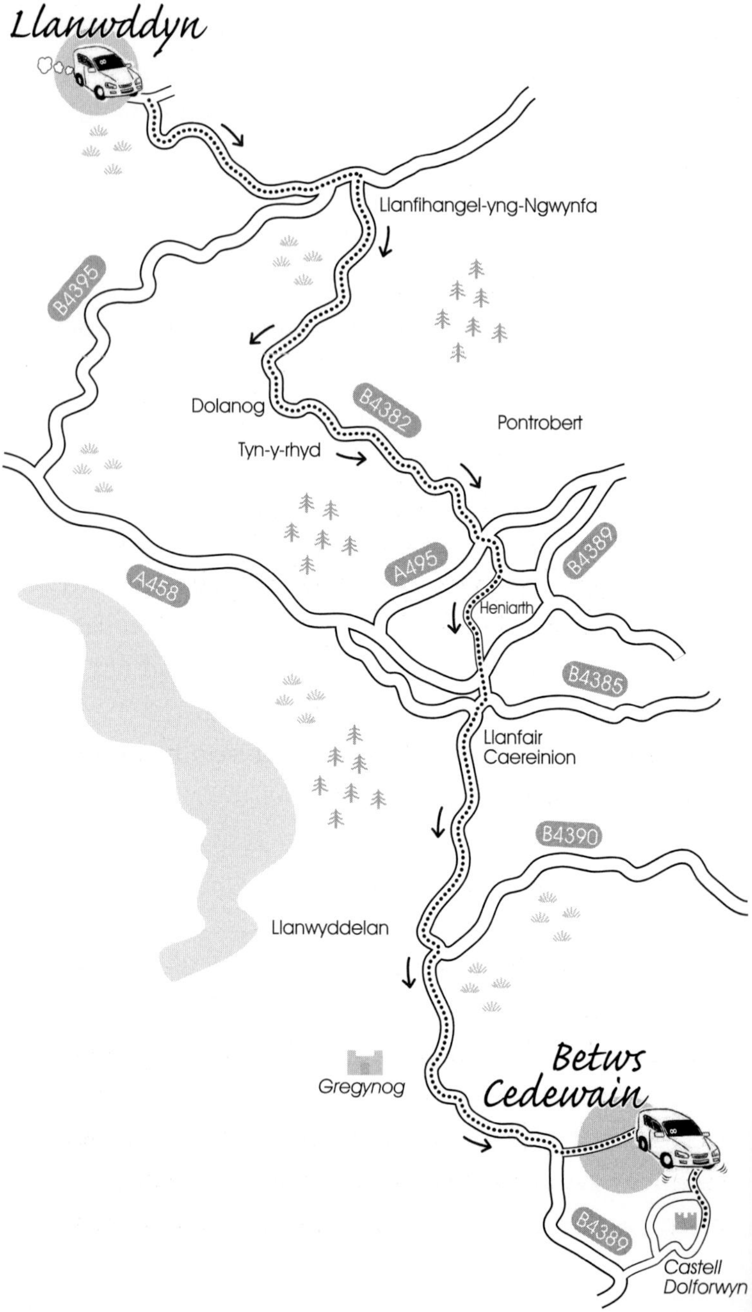
Llanwddyn
Llanfihangel-yng-Ngwynfa
B4395
Dolanog
B4382
Pontrobert
Tyn-y-rhyd
B4389
A495
A458
Heniarth
B4385
Llanfair
Caereinion
B4390
Llanwyddelan
Gregynog
Betws
Cedewain
B4389
Castell
Dolforwyn

6

O Lanfihangel i Ddolforwyn

Daw dau o bobol mewn gwth o oedran – cwpwl priod, fasa rhywun yn ei dybio – i nghwfwr ar y ffordd gul wrth i heulwen wantan dorri trwy'r cymylau. Mae hi wedi'i lapio'n braf mewn côt gerdded goch, pac milwr gorlawn ar ei chefn, ac un o'r ffyn Alpaidd rhyfedd 'na ym mhob llaw wrth iddi frasgamu tuag at ei nod, lle bynnag mae hwnnw.

Ond amdano *fo*! Mae o wedi'i wisgo'n hollol anaddas ar gyfer y tywydd. Yn union fel y bobol 'ma welwch chi'n ei sgwario hi mewn fest i lawr pob stryd fawr yn flew ceseiliau i gyd cyn gynted ag y meiddia'r haul ddangos ei drwyn, ac ymhell cyn i'r gwanwyn gyrraedd. Felly hefyd y sbesimen truenus o mlaen i rŵan. Ac yntau mewn trowsus byr, mae ei goesau dryw bach yn ymddangos fel dau bric glanhau dannedd a'r rheiny wedi'u gwthio i mewn i lemon. Mae'r blewiach gwyn ar y coesau'n chwifio'n ddireol yn y gwynt oeraidd, a'r croen gŵydd fel petai'n ysu am gael mochel mewn popty ping. Mae map mewn gorchudd plastig yn hongian yn llipa wrth ei ystlys, a diferyn o Dduw a ŵyr beth ar flaen ei drwyn yn aros am gyfle addas i blymio i ffwrdd.

Mae'r ardal hon yng ngogledd sir Drefaldwyn yn llawn haeddu cael ei gosod tan gochl y term cyfarwydd 'mwynder Maldwyn', gyda'r bryniau gleision yn codi a disgyn yn donnau braf hyd at y gorwel: tirwedd berffaith ar gyfer cerdded, yn enwedig felly i bobol na ddylai byth ystyried hel eu traed am y mynyddoedd geirwon – fel y ddau yma.

Mae cerdded wedi dod yn hynod boblogaidd fel gweithgaredd hamdden – arwydd o brinder arian, mae'n debyg. Serch hynny, amcangyfrifwyd yn 2009 fod yr holl ddiwydiant cerdded yn werth £632m yn flynyddol i economi Cymru. A dwi'n fodlon codi fy llaw yma (os cadwch chi'r gyfrinach rhyngoch chi a mi), a chyfaddef i minnau hefyd gael fy mrathu gan yr hen ysfa 'ma i gerdded. Ac nid y math o gerdded wna rhywun i'r siop i brynu papur newydd neu fag o sglodion, chwaith, gan aros am sgwrs ac i danio Woodbine ar y ffordd. Na, dwi'n sôn am dynnu pâr o sgidiau trymion am fy nhraed, a throi ngolygon at y bryniau a'r mynyddoedd neu ar hyd yr arfordir. Ac wrth gwrs, bydd llyfryn defnyddiol o dafarnau gwerth ymweld â nhw ym mhoced tin fy nhrowsus.

Mae Llwybr Glyndŵr yn mynd drwy'r ardal hon, ar ei ffordd rhwng Trefyclo a'r Trallwng heibio Machynlleth – taith 135 milltir o hyd. Ond dwi'n gobeithio mai chwilio am lwybr Ann Griffiths mae'r ddau dila yma: taith lawer mwy hamddenol, 16 milltir o hyd, rhwng Pont Llogel a Phontrobert ac yn ôl.

Mae'r llwybr yn mynd heibio Capel Coffa Ann Griffiths yn Nolanog, adeilad taclus oddi mewn ac allan sy'n werth gwthio'ch trwyn heibio'i ddrws. Mae pedair cofeb efydd hardd wedi'u gosod yma ac acw ar hyd y llwybr, ond mae cyn-gartref yr emynyddes enwog yn ffermdy Dolwar Fach yn gartref preifat.

Caiff Ann Griffiths ei chydnabod fel un o emynyddion mwyaf dawnus Cymru, er iddi hi ei hun ystyried ei gwaith yn fwy fel barddoniaeth grefyddol. Trwy hap a damwain y cafodd ei hemynau eu cofnodi. Yn brin ei haddysg, ni sylweddolai Ann fawredd ei chyfansoddiadau ond cadwyd nhw ar ei chof gan forwyn anllythrennog y fferm, Ruth Evans. Adroddodd Ruth nhw'n ddiweddarach i'w gŵr, John Hughes, pregethwr ac emynydd o fri, a'u cofnododd nhw gan sicrhau eu bod yn cael eu cyhoeddi gan y nid anenwog Barchedig Thomas Charles. Caiff y ddwy, Ruth ac Ann, eu coffáu yn y Capel Coffa. Bu farw Ann Griffiths yn ddim ond 29 oed, a chladdwyd hi ym mynwent eglwys y plwyf yn Llanfihangel-yng-Ngwynfa yn 1805.

Digon tawel ydi hi yn Llanfihangel-yng-Ngwynfa wrth i mi gyrraedd, a dim enaid yn unman ar y stryd. Ar wahân i'r gofeb ddigon trawiadol i'r emynyddes sydd yn y fynwent, cofeb ar ffurf nodwydd garreg Eifftaidd ei naws, am ei dafarn y mae'r pentref yn fwyaf enwog. Mae'n un o'r ychydig trwy Gymru benbaladr sydd ar gofrestr CAMRA (y gymdeithas cwrw casgen) – tafarnau ac iddynt du mewn hanesyddol sy'n werth ei gadw a'i gofnodi. Caiff y Goat yn Llanfihangel-yng-Ngwynfa ei disgrifio ganddynt fel mwy o dŷ tafarn nag o dafarn, sef eiddo domestig lle caiff aelodau o'r cyhoedd eu gwahodd i mewn i brynu diod. Ar ôl bod am gyfnod yn ffermdy, cafodd y tir ei werthu yn 1978 ond mae'r dafarn yn dal yn nwylo'r teulu.

Teimlaf mod i wedi nhrawsblannu i'r gorffennol wrth gamu trwy'r drws. Bron na ddisgwyliwn weld Bob Tai'r Felin yn ymddangos mewn *sepia*, ac yn dod trwy'r drws acw gan ddechrau canu 'Moliannwn'. Does yr un enaid byw i'w weld yn unman ond mae sŵn lleisiau'n sisial yn ysgafn yn fy arwain at ddrws arall a dwrn henffasiwn arno. Daw ton o wres o'r tân glo anferthol i fwytho fy mochau fel cusan Lwsiffer wrth i mi gamu at y bar. Parlwr Nain o le ydi o, gyda chasgliad o ddodrefn domestig a byrddau'n sefyll ar garped trwchus sy'n dangos ôl traul cenedlaethau o welingtons.

Mae croeso Menna'r perchennog, a'r unig gwsmer arall sydd ynddo, mor gynnes â'r tân. Wrth i fwy o'r selogion gyrraedd, y rhan fwyaf yn Gymry Cymraeg a golwg hamddenol wledig arnynt, mae rhes o bapurau £20 yn dechrau hel ar y bar.

Y Goat, Llanfihangel-yng-Ngwynfa

Deallaf eu bod yn talu am ddiod pawb arall o'r criw o flaen llaw, a Menna'n cofnodi'n ddiwyd ar ddarn o bapur beth mae hwn-a-hwn wedi'i gael i'w yfed. Mae'r holi'n dreiddgar ond yn gyfeillgar, fel efo pob dieithryn fydd yn cael ei hun yn y dafarn ddiarffordd hon. Daw ambell un o ffyddloniaid barfog CAMRA yma i weld gem o dafarn, ond waeth iddyn nhw heb â disgwyl gweld yr hen ffefryn hwnnw, cwrw Bolgrwndi o'r gasgen, ar y bar. Efallai fod cwpwl o arwyddion hysbysebu Cymraeg hynafol ar y wal yn brolio mai 'Guinness yw Gwin y Gwan', ond does dim modd cael gwydriad o hwnnw, chwaith, yma. Cewch chwerw swigod cyffredin neu lager, neu seidr ddaw o bwmp lager, a bodloni ar hwnnw – wel, hwnnw, y gwmnïaeth a'r awyrgylch. Caiff eich arian ei stwffio i ddrôr bren mor ddiffwdan â ffarmwr yn rhoi ei asedau yntau dan y fatres.

Weithiau daw ambell Gymro neu Gymraes chwilfrydig heibio sydd wedi clywed am y lle rhyfeddol hwn, ond gan fethu cael mynediad. Mi ddylwn i wybod. Gwthiais y drws mewn gobaith ond yn ofer sawl tro yn y gorffennol. Mae Menna'n cyfaddef yn llon nad oes fawr o drefn ar yr oriau agor. Rywsut, mae hynny'n siwtio'r lle i'r blewyn.

I lawr rhyw fân ffyrdd oddi ar y B4382 i'r de o Lanfihangel-yng-Ngwynfa mae Pontrobert a stad Dolobran. Mae'n anodd credu i Ddolobran fod yn nwylo'r un teulu er 1425. Sefydlodd teulu'r Lloydiaid linach ddiwydiannol ac economaidd rymus a welodd ei chrafangau'n ymestyn ymhell y tu hwnt i'r ffin ac ar draws yr Iwerydd. Nhw fu'n gyfrifol am ehangu llawer ar y datblygiadau yn y diwydiant haearn yng Nghymru a Lloegr yn y 18fed ganrif.

Gyda rhan o'r cyfoeth fe sefydlodd Samson Lloyd fanc a ddatblygodd maes o law i fod yn Fanc Lloyds. Priododd David Barclay, sefydlydd banc enwog arall, i mewn i'r teulu. Aeth un arall o'r llwyth, Thomas Lloyd, i Bennsylvania yn 1683, lle roedd nifer o Grynwyr Cymreig yn ymsefydlu er mwyn osgoi rhagfarn grefyddol yn eu herbyn yn ôl gartref. Cafodd Thomas Lloyd ei benodi'n ddirprwy i'r llywodraethwr William Penn brin flwyddyn ar ôl ymfudo yno.

Mae'n lled debyg fod Samson Lloyd yn troi yn ei fedd fel olwynion peiriant hapchwarae wrth feddwl am y llanast wnaeth ei olynwyr yn yr 21ain ganrif. A gobeithio'i fod o – efo dyledion o £260 biliwn yn bygwth llusgo Banc Lloyds TSB i lawr trobwll ariannol anferthol, bu'n rhaid i lywodraeth San Steffan roi £40 biliwn o'n pres ni'r trethdalwyr i'r cwmni i'w gadw rhag suddo dan y don. Roedd pethau wedi mynd cyn waethed bryd hynny, pe baech chi wedi mynd i beiriant twll yn y wal a gweld y geiriau 'Cyllid Annigonol' ar y sgrin, fasech chi ddim yn sicr ai cyfeirio atoch chi roedd y neges neu at y banc ei hun. Cwsg yn dawel, Samson bach, os gelli di.

Ar ôl croesi'r A495 yn ddidramgwydd, caf fy hun yn hyrddio i lawr lôn fechan heibio ysgolion Llanfair Caereinion ac am ganol y dref. Peidiwch â gadael i neb drio'ch darbwyllo nad tref mo hon. Efallai mai 1,600 o eneidiau dewr sy'n byw yma – ychydig yn brin o fod yn metropolis – ond toes gan y lle ei Gyngor Tref ei hun? Pa brawf arall sydd ei angen?

Yma mae darn bach o ffordd fu'n bygwth bod yn faen tramgwydd i nghynlluniau byth ers i mi adael Llandudno yr holl amser yna'n ôl. Onid teithio o bromenâd Llandudno hyd at Fae Caerdydd heb i nheiars gyffwrdd ag unrhyw briffordd dosbarth 'A' (ac eithrio'i chroesi ar gyffyrdd) oedd yr addewid? Dratia. Ro'n i'n ofni y basech chi'n cofio.

Ac wele, dyma gyrraedd yr A458 sy'n cysylltu Mallwyd a'r Trallwng, gan wybod bod cryn ganllath rhwng y gyffordd hon a'r bont dros afon Banw lle mae'r B4389 yn cychwyn ar ei thaith tua'r de. Bûm yn dychmygu pob math o gastiau i ddod dros y broblem. Efallai y dylwn i rŵan gymryd y llwybr arall y bûm yn ei ystyried, fyddai'n fy llusgo i Loegr ac o amgylch Croesoswallt cyn dychwelyd heibio Trefaldwyn? Neu beidio sôn am y canllath o dwyll, gan obeithio na fasa neb y tu allan i ffiniau Llanfair Caereinion yn sylweddoli?

Ond fel yng nghanol pob storm, daw gwaredigaeth. Sylweddolaf fod cowt petrol y Bridge Garage yn sefyll rhyngof a chyffordd y bont. Gan ddiolch i'r drefn fod y car yn ddigon bychan i ddringo'r palmant, teithiaf am ddegllath ar ei hyd i'r cowt. Edrycha lodes leol sy'n prysur lenwi'i thanc arnaf fel petai gen i gyrn ar fy mhen wrth i mi drwynio'n ofalus ar hyd y cowt. Byddai wedi synnu mwy pe bai wedi gweld fy nghynffon hefyd. Heb aros i ddyfrio, anelaf at ddarn go lydan o balmant yr ochr arall. O fan'no, mater hawdd ydi croesi'r ffordd yn syth at y bont. Disgwyliaf glywed bonllef o gymeradwyaeth am fy nghampwaith, neu efallai seiren car yr heddlu. Distawrwydd, diolch i'r drefn – a dyma fi yng nghanol Llanfair Caereinion.

Tref fechan ddigon del ydi'r lle, ond mae'n debyg mai'r unig atyniad ar gyfer ymwelwyr ydi'r trên bach rhwng y fan hyn a'r Trallwng. Ia, un arall o'r rheiny. Cerddaf at yr orsaf yr ochr arall i'r afon, ond mae hi fel y bedd yno. Serch hynny, mae 'na drên yn cilwenu'n dawel yn un gornel, fel cath efo llygoden. Sylwaf ar hysbyseb ar wal yn yr orsaf yn cynnig diwrnod o hyfforddiant ar yrru un o'r trenau hyn. Ceisia'r gnawes efo'r llygoden fy hudo i wario f'arian prin. Dychmygaf fy hun yn taranu mynd rhwng fan hyn a'r Trallwng, yn procio'r taniwr i lwytho hyd yn oed mwy o lo i'w bol. Bydd Indiaid Cochion yn ein dilyn ar gefn ceffylau gwylltion, eu saethau'n adlamu oddi ar y metel poeth, ac yna . . .

Wel, dyna sy'n digwydd pan dreuliwch ormod o'ch llencyndod cynnar yn y sesiynau *matinée* yn y Plaza, ond dyna'r ffordd i wireddu breuddwyd plentyndod. Yr unig ddrwg yn y caws – a drwg sylweddol hefyd – ydi bod diwrnod o hyfforddiant ar yrru trên yn costio £700. Mae hynny'n 70,000 o geiniogau cochion. Anrheg ben-blwydd, unrhyw un? Ond, chwarae teg, cewch fynd â rhywun arall efo chi i rannu'r hyfforddiant. Cewch ginio hefyd, a chopi gwerth £5.95 o *Driving Steam Locomotives – An Introduction* gan Geoff Holland ac Owen Ryder, neb llai. Heb sôn am dystysgrif i brofi'ch bod wedi cymryd rhan. Wn i ddim a fydd angen mynd â'r dystysgrif efo chi pan fyddwch yn gorwedd ar soffa'r seiciatrydd.

Cafodd llawer o dai ac adeiladau'r dref eu dinistrio yn 1758 wrth i dân enfawr sgubo drwy'r lle. Yna, yn 1837, bu'n rhaid galw'r milwyr i gadw trefn yma pan ymosododd rhai o'r trigolion ar Swyddog y Tlodion lleol ar ôl i ddeddfau llym oedd yn mynd i wneud pethau'n waeth i'r difreintiedig gael eu cyflwyno gan San Steffan – Deddf Newydd y Tlodion 1834. Tydi rhai pethau byth yn newid, nagdyn?

Digon digynnwrf ydi hi yng nghanol y dref heddiw, beth bynnag, ar wahân i'r fflyd o lorïau trymion sy'n nadreddu eu ffordd trwy'r strydoedd culion. Mae dyn mewn dillad amaethyddol, a blewiach yn tyfu fel brwyn cors ar dopiau'i fochau lle na fentrodd y rasel, yn penderfynu trio helpu pethau ryw ychydig. Mae'n parcio'i 4×4 a'i drelar reit ger y gyffordd lle'r eir am y Drenewydd, gan chwibanu'n braf wrth wneud ei ffordd yn hamddenol yn ei sgidiau cachu buwch i siop gyfagos. Yn amlwg, mae'n credu mai wedi'u rhoi yno i'w helpu fo i ffendio'i ffordd yn ôl i'w gerbyd mae'r llinellau melyn.

Yn y cyfamser, mae gyrrwr lori'n disgrifio'i deimladau mewn iaith ddiwydiannol ddyfeisgar o liwgar, wrth gael ei anghenfil metel yn gaeth rhwng trwyn y 4×4 a wal mynwent yr eglwys ar draws y ffordd. Gan nad ydw i'n or-hoff o waed, dwi'n ddiolchgar o gael gadael Llanfair Caereinion cyn i'r sgidiau-cachu-buwch ddychwelyd.

Yn Nhregynon, llifa atgofion yn ôl ar don o dristwch wrth sylwi ar y mynediad i blas Gregynog. Dyma, ar un adeg, ganolfan gynadledda ac astudiaethau Prifysgol Cymru, cyn i'r corff hwnnw gael ei ddal yn cyflwyno graddau i fyfyrwyr tramor oedd yn aml â mwy yn eu pocedi na rhwng eu clustiau. Arferai Gregynog fod yn berl yn eu portffolio, yn enwedig cyn i'r colegau eraill a arferai fod yn rhan o Brifysgol Cymru gau'r drws yn glep ar y corff, fel preswylwyr tai yn gweld Tystion Jehofa ar eu rhiniog.

Bellach, a'r sefydliad wedi'i gladdu mewn cywilydd, cafodd ei fantell addysgiadol ei chyflwyno i'w olynydd, Prifysgol Cymru y Drindod Dewi Sant. Oni ddylai hwnnw o leiaf ennill gwobr am yr enw mwya clogyrnaidd sydd gan unrhyw brifysgol yr ochr yma i'r Pennsylvania State University New Kensington Campus of the Commonwealth College yn yr Unol Daleithiau, neu efallai Brifysgol Mahachulalongkornrajavidyalaya yn Siam.

Cafodd y plas a'r stad eu cyflwyno i'r Brifysgol yn 1963 gan y chwiorydd arch-gyfoethog Margaret a Gwendoline

Gregynog

Davies. Nhw oedd etifeddion yr holl gyfoeth o'r diwydiant glo a gasglwyd gan eu taid, yr Arglwydd David Davies o Landinam. Mae'r gerddi a'r coetir ysblennydd, sy'n ymestyn hyd at 750 erw o amgylch y plasty ac wedi'u croesi gan fyrdd o lwybrau, yn wirioneddol werth chweil ichi ymweld â nhw. Yma hefyd mae cartref gwasg enwog Gregynog, sy'n cyhoeddi gweithiau cain wedi'u hargraffu trwy ddulliau traddodiadol.

Un gwanwyn mi ges y pleser o fynychu cwrs wythnos yma ar gyfer darpar diwtoriaid Cymraeg, pan gafwyd blas, o leiaf, ar sut yr arferai'r crachach fyw. Roedd criw ohonom yn ceisio chwarae *croquet* ar y lawnt o flaen y plas wrth iddi nosi, heb y syniad lleiaf beth oedd rheolau'r gêm. Penderfynwyd eu bod yn gorwedd rywle rhwng snwcer a golff. Dychwelodd Emrys, un o'r criw, oedd newydd fod yn y bar yng nghrombil tywyll y plas yn prynu diodydd, efo hambwrdd llawn gwydrau yn ei ddwylo. 'Wyddoch chi be?' meddai ag ochenaid. 'Ro'n i'n gwbod, rywsut, 'tawn i byth mewn lle fel hyn, mai gwas faswn i.'

Yr ardal hon oedd y ffin rhwng tywysogaeth Llywelyn Fawr a'r tiroedd oedd ym meddiant coron Lloegr. Yn 1273, naw mlynedd cyn iddo gael ei lofruddio gan luoedd y Saeson, dechreuodd Llywelyn ar gynllun herfeiddiol i godi amddiffynfeydd reit o dan ffroenau Edward I. Bu wrthi'n codi Castell Dolforwyn gan ddweud wrth Edward nad oedd arno angen caniatâd i adeiladu yn ei dywysogaeth ei hun. Roedd yn ffodus nad oedd adran gynllunio Cyngor Sir Powys a'u byddin o swyddogion clipbordllyd yn bodoli bryd hynny. Codwyd y castell mewn cwta bedair blynedd, ond yn fuan wedyn cafodd ei gipio ar ôl brwydr ffyrnig a barodd bythefnos. Dywedir bod i'r castell un diffyg enfawr, sef nad oedd ffynnon oddi mewn i'w furiau. Yn ôl rhai, bydd peli cerrig a ddefnyddid i'w hyrddio at y castell gan beiriannau enfawr y Saeson yn dal i gael eu darganfod hyd heddiw.

Mae'r castell yn sefyll ar fryncyn coediog i'r de-ddwyrain o Fetws Cedewain, ac mae'n werth ymlafnio i fyny'r llwybr cul o'r maes parcio i weld enghraifft o amddiffynfa Gymreig. Serch hynny, erbyn 1279 byddai'r Saeson wedi dechrau sefydlu treflan newydd iddynt eu hunain bedair milltir i ffwrdd yn y Drenewydd.

Roedd yr ysgrifen eisoes ar y mur i Lywelyn.

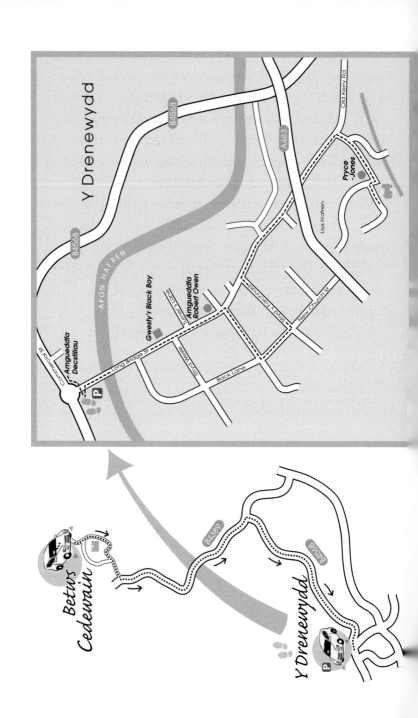

7

Y Drenewydd

Mae'r llais gwrywaidd, metelaidd sy'n rhybuddio na chawn smygu yn atsain fel Dalek gwallgo trwy orsaf drenau'r Drenewydd, gan falu a chamdreiglo'n hiaith. Dwi'n mawr obeithio mai recordiad ydi o, yn hytrach na dyn wedi'i gaethiwo mewn cwt yn Dyfi Junction hyd nes gall o ynganu'r iaith mae o'n cael ei dalu i'w siarad. Mi fydd o yno tan Ddydd y Farn, y creadur.

Erbyn i'r llais fynnu bod y trên nesaf yn mynd 'i Phwllheli', mae nghlustiau'n brifo cymaint gan yr ymosodiad arnynt nes i mi gredu mai'r gwleidydd Alun Feical sydd wrth y meic. Yna daw llais robotaidd arall trwy'r cyrn siarad – Saesnes, yn ôl ei hacen, efo llond ceg o ddannedd gosod nad ydyn nhw'n ffitio'n iawn. Mae hon yn ein hysbysu y bydd y trên yn mynd trwy lefydd rhyfeddol megis Macwnlet, Tawin a Penrin-dai-dreth. Gan nad oedd gen i gopi o Gamynganydd Gwasg y Brifysgol efo fi ar y pryd, fedrwn i ddim helpu unrhyw estron druan allai fod am wybod oedd y trên yn mynd i'w gyrchfan o ai peidio.

Nid bod 'na neb *yn* holi. Un person arall sydd 'na yn yr orsaf 'ma i gyd – dynes ganol oed â'i phen yn ddwfn mewn cylchgrawn sgleiniog. Dydi hi'n amlwg ddim yn sylwi ar y sarhad dwyieithog hwn ar enwau prydferth ein trefi. Efallai ei bod hi wedi hen arfer â'r peth, neu efallai ei bod yn credu mai fel'na maen nhw i fod i gael eu hynganu.

Ar draws y ffordd i'r orsaf mae clamp o adeilad briciau coch. Adeilad anferth pum llawr, yma yn y Drenewydd. Datgela'r arwydd ymffrostgar uwchben y brif fynedfa – mae'n rhy grand i gael ei alw'n ddrws – mai dyma'r Royal Welsh Warehouse o eiddo Pryce-Jones. Ar un adeg roedd y dref yn brif ganolfan gwehyddu Cymru, a châi defnyddiau a gynhyrchid yma eu gwerthu i bedwar ban byd. Yn ystod oes Fictoria roedd y diwydiant yn cyflogi cannoedd yma.

Yn yr haf bydd Amgueddfa Decstiliau'r Drenewydd yn Commercial Street ar agor, er mai am ryw deirawr y dydd yn unig mae modd cael mynediad iddi. Wedi'i lleoli mewn tri o fythynnod gefn wrth gefn, mae'n dangos sut byddai teuluoedd cyfan yn gweithio mewn gweithdai gwehyddu ar loriau uchaf eu cartrefi.

Dilledydd lleol oedd Syr Pryce Pryce-Jones a welodd ei gyfle, efo dyfodiad y rheilffordd, i werthu'i ddillad gwlân

Warws Pryce-Jones

ymhell y tu hwnt i'w fro. Dechreuodd werthu trwy'r post, a honnir i'r dreigiau enwog hynny, Florence Nightingale a'r Frenhines Fictoria, hyd yn oed, brynu dillad ganddo. Doedd ryfedd yn y byd nad oedd Fictoria'n enwog am wenu, efo gwlân crafog Powys yn rhwbio'i mannau mwyaf cyfrin. Ond maddeuodd i Pryce-Jones, mae'n rhaid, gan iddi'i wneud yn farchog fel diolch am ei wasanaeth clodwiw. Tyfodd ei fusnes yn anferthol – y cwmni gwerthu trwy'r post cyntaf yn y byd. Bu'r warws yma'n gartref i wasanaeth gwerthu trwy'r post hyd at 2011 – er nad yn enw cwmni Pryce-Jones erbyn hynny.

Mae dau aelod o'r staff yn hofran yn ansicr wrth i mi wthio drws gwichlyd 'y fynedfa' ar agor. Prin fod neb arall yn yr honglad o adeilad. Mae'r silffoedd ar y llawr yma'n drymlwythog o'r math o gynnyrch ddaethai o ffatri chwyslyd yn y Dwyrain Pell, y math o bethau byddai rhywun yn disgwyl eu gweld mewn siop popeth-am-bunt.

Mentraf i fyny'r grisiau hynafol o fy mlaen – y rheiny'n amlwg wedi bod yn rhyfeddol o grand yn eu dydd ond bellach wedi gweld dyddiau gwell. Maen nhw'n f'atgoffa o actores a fu unwaith yn brydferth ac yn enwog ond sydd bellach â'i hwyneb yn gyforiog o bowdwr wrth iddi geisio gwadu effaith y blynyddoedd. Mae'r holl adeilad yn erfyn am fymryn o faldod – y carped yn dangos ôl traul degawdau, a phaent yn plicio oddi ar y waliau.

Dyma'r math o siopau yr arferem grwydro o'u hamgylch yn gegrwth yn hen wladwriaethau comiwnyddol dwyrain Ewrop gynt, lle gwneid môr a mynydd o'r pethau rhyfeddaf. Dwi'n cofio gweld pyramid o boteli sos coch ochr yn ochr â moto-beics Jawa yn siop anferthol Bílá Labut ym Mhrâg – mor falch oeddan nhw o fod wedi sicrhau cyflenwad o sos. Rhyw hen gast y methwn i ymwrthod ag o fyddai syllu trwy ffenest siop o'r fath fel tasa 'na rywbeth o ddiddordeb enfawr ynddi, a byddai criw chwilfrydig yn siŵr o ymgasglu o nghwmpas yn y gobaith fod 'na rywbeth prin fel sanau gwlân neu duniau corn biff ar werth yno.

Feiddiwn i byth wneud hynny yn ffenestri adeilad mawreddog Pryce-Jones. P'run bynnag, mae'r stafell arddangos dodrefn wedi cau heddiw am y dydd, ac arwydd yn dynodi bod caffi sy'n bodoli rywle ar y lloriau uchaf hefyd wedi cau. Mae teimlad o dristwch ac o ddiwedd cyfnod yn perthyn i'r lle.

Yng nghanol y dref mae merch Asiaidd o ran pryd, gwedd a gwisg yn edrych arna i â llygaid mawrion trist, wrth ofyn i mi yn Saesneg ac yn acen canolbarth Lloegr a liciwn i brynu copi o'r *Big Issue* ganddi. Chwiliaf yn ofer am y ci lleuog ar ddarn o linyn sydd yn aml yn rhan o offer gwerthwyr y cylchgrawn hwn. Mae hanner dwsin da wedi llwyddo i osgoi ei llygaid yn yr hanner munud diwethaf, gan gerdded heibio iddi fel tasa hi'n lwmp o faw. Gan nad oedd yr un siop gyfleus i mi bicio i mewn iddi er mwyn osgoi ei hedrychiad truenus, does gen i ddim dewis ond aros i sgwrsio. Gofynnaf pam nad y rhifyn Cymreig o'r cylchgrawn mae hi'n ei werthu.

'Oherwydd mod i'n dod o Wolverhampton ac wedi dod yma ar y trên, a dyma be ges i yn fan'no i ddod efo fi,' meddai.

Ychwanega na ŵyr am fodolaeth rhifyn Cymreig. Go brin y sylweddola'i bod wedi croesi'r ffin, chwaith. Meddyliaf am ofyn iddi sut ar y ddaear medrodd hi fforddio dod ar y trên o Wolverhampton os ydi hi'n ddigartref? Ond calla dawo, meddaf wrthyf fy hun. Ac ydw, dwi'n prynu copi o'i chylchgrawn Seisnig. Aiff i'r bin agosaf heb ei ddarllen, ond â nghydwybod i'n llawer haws byw efo fo.

Fwriadwyd erioed mo'r Drenewydd i fod yn dref ar gyfer Cymry, o pan sefydlwyd hi gyntaf yn 1279 ar safle pentref hynafol Llanfair-yng-Nghedewain. Codwyd y lle fel tref Seisnig mewn ymateb i ymgais Llywelyn i sefydlu pencadlys rhanbarthol iddo'i hun yn yr ardal. Lai na phedair blynedd yn ddiweddarach, byddai Llywelyn yn gelain ar lan afon Irfon a'i freuddwyd o gynnal tywysogaeth annibynnol yn deilchion. Hyd heddiw, prin fod arlliw o Gymreictod yn perthyn i'r lle yma. Mi fasa

Edward I yn hynod falch o'i lwyddiant yn hynny o beth, ond yn chwerw na fasa fo wedi profi'r un llwyddiant ym mhob man arall lle ceisiodd o sathru ar hunaniaeth y Cymry.

Ychydig iawn o Gymraeg glywch chi ar y stryd yma, ar wahân i ddiwrnod y farchnad pan ddaw'r Cymry o gefn gwlad Powys draw i'r dref. Prin iawn hefyd ydi'r Gymraeg weladwy. Ond mae posteri yn ffenestri ambell dafarn sy'n annog cwsmeriaid i fynd i gefnogi Cymru mewn gêmau rygbi, sy'n awgrymu bod rhyw waelod tenau o Gymreictod yn dal ei afael.

Cafodd y dref siarter frenhinol gan Edward I ar 16 Ionawr 1279 i gynnal marchnad bob dydd Mawrth, a chaiff ei chynnal yn wythnosol ar y diwrnod hwnnw hyd heddiw. Dyna oedd genedigaeth y talp bach hwn o Loegr yng nghanol Cymru, ond cafodd ffawd y Drenewydd fel lle sobor o anghymreig ei selio unwaith ac am byth yn ôl yn 1967. Bryd hynny, cynhwyswyd y dref mewn rhestr o 'drefi newydd' y bwriedid eu datblygu er mwyn symud poblogaeth Prydain i dai gwell wrth i'r ailadeiladu ar ôl yr Ail Ryfel Byd barhau.

Roedd Cwmbrân wedi'i dynodi'n dref newydd yn 1949 – yr unig un arall yng Nghymru. Cafodd Corfforaeth Datblygu Tref Newydd Canolbarth Cymru y gwaith o wireddu'r freuddwyd ar gyfer y dref ym Maldwyn, ac yn wir, mi fu'n hynod o lwyddiannus. Prin y clywyd acen Gymreig ar gyfyl y lle wedi hynny. Rhoddwyd stop ar y diboblogi oedd wedi bod yn gymaint o broblem cynt, ond erbyn heddiw mae hwnnw'n bwnc sydd unwaith eto'n achosi trafferthion yma fel ym mhobman, bron, yn y Gymru wledig.

Denwyd cwmnïau di-ri i stadau diwydiannol newydd sbon, a'r cymorthdaliadau hael yn atyniad amlwg. Daeth hefyd filoedd o bobol i fyw i'r dref a'i chyffiniau, y rhan fwyaf o'r ochr arall i Glawdd Offa. Cynyddodd y boblogaeth nes ei bod bron yn 13,000, ac erbyn heddiw mae'n teimlo ac yn swnio fel unrhyw dref arall o'i maint yng nghanolbarth Lloegr.

Roeddwn wedi gadael fy nghar ar y ffordd rhwng Llanllwchaearn a Llanwnnog, ar gyrion gogleddol y dref ar lan afon Hafren, er mwyn cadw at fy nod o beidio defnyddio'r priffyrdd. Wrth groesi'r bont at ben gogleddol Broad Street, y brif stryd siopa, meddyliais pa mor ddylanwadol fu afon fwyaf Cymru ar hanes y dref. Ers y 13eg ganrif roedd y Drenewydd wedi'i chodi'n fwriadol ar lan yr afon fel amddiffynfa naturiol rhag ymosodiadau gan y Cymry gwyllt. Ond erbyn yr 20fed ganrif roedd yr afon ei hun yn fygythiad llawer gwaeth na'r brodorion. Yn 1960 fe orlifodd, nid am y tro cyntaf, gan greu llanast syfrdanol yng nghanol y dref. Cipiwyd polion teliffon oedd yn cael eu cadw mewn adeilad yno gan y dyfroedd, gan achosi difrod dychrynllyd.

Bedair blynedd yn ddiweddarach cafwyd trychineb arall wrth i filiynau o alwyni o ddŵr lleidiog, afiach sgubo trwy gartrefi a siopau unwaith yn rhagor. Bu trafod hollol ddifrifol dros gefnu ar y dref a chodi tref newydd sbon ar dir uwch, i'r gogledd o Gaersŵs. Ond mynd ati i godi amddiffynfeydd i atal yr afon rhag creu llanast byth eto a wnaed.

Mi fuon nhw'n hynod lwyddiannus ond yn 2009 cododd ofnau fod hanes am ei ailadrodd ei hun pan lifodd dŵr trwy ganol y dref unwaith eto. Methodd gweithwyr mewn swyddfeydd yno â gadael rhai adeiladau wrth i lefelau'r dŵr godi'n arswydus o gyflym. Sicrhawyd pawb mai trafferthion efo ceuffos o dan y strydoedd oedd yn gyfrifol, yn sgil storm o law anarferol o drwm, ond roedd y digwyddiad wedi ailgodi'r hen bryderon.

Caf fy hun ar safle'r hen Eglwys Fair wreiddiol, hithau wedi'i gadael i'w ffawd yn y 19eg ganrif oherwydd gorlifo cyson afon Hafren, er bod y tŵr gwreiddiol yn dal yn gyfan. Mae'n enghraifft werth chweil o'r tyrau sgwâr â chlochdai pren ar eu copaon sy'n nodweddiadol o bensaernïaeth eglwysig sir Drefaldwyn.

Ar dir yr hen eglwys af i weld bedd y diwygiwr cymdeithasol Robert Owen, gŵr busnes o fri oedd hefyd yn sosialydd pybyr. Roedd yn un o sylfaenwyr y mudiadau cydweithredol. Anodd dychmygu be fasa Margaret Thatcher wedi'i wneud o'r dyn tasa hi wedi cael y cyfle i'w gyfarfod. Anos fyth ydi dychmygu be fasa fo wedi'i wneud ohoni hi. (Fel Pryce-Jones yntau, mae'n debyg.) Ceir gardd goffa fechan i Robert Owen yn y dref, ac amgueddfa yn adeilad Cyngor y Dref yn Broad Street, oedd yn anffodus ar gau pan alwais tua diwedd y prynhawn. Dydi'r Drenewydd ac amgueddfeydd sydd ar agor ddim yn cydgerdded, mae'n amlwg.

Wedi fy siomi, dyma benderfynu ei bod hi'n bryd torri ar batrwm oes a mentro i mewn i dŷ tafarn i roi ysbaid i nhraed bach blinedig. Ar un adeg, pan oedd y diwydiant gwehyddu yn ei anterth yma, gallai'r dref frolio bod ganddi hanner cant o dafarndai a chwe bragdy. Mae'r bragdai bellach wedi mynd i ebargofiant, a nifer o'r tafarnau wedi hen gau eu drysau. Ond mae dewis digonol o hyd.

Anelais am y Black Boy, oedd â dau neu dri o ddynion bygythiol yr olwg yn smygu o amgylch y drws yn llewys eu crysau. Mae llawer i'w ddweud o blaid y gwaharddiad ar smygu mewn adeiladau cyhoeddus. Mae'n iachach, wrth reswm, ac mae'r adeiladau'n ddi-os yn ogleuo'n llawer iawn mwy ffres, hyd yn oed os ydi arogleuon corff ambell un fymryn yn fwy amlwg.

Ar yr ochr negyddol, mae rhywun yn fwy tebygol o sylwi ar y drewdod sy'n treiddio o'r baco i ddillad a gwallt smygwyr. Gellid tybio eu bod newydd syrthio i'r domen dail agosaf yn hytrach nag wedi picio allan i blannu hoelen arall yn eu harch eu hunain. Ac mae 'na dueddiad afiach wedi datblygu i bobol ymgasglu yn un haid ddrewllyd o amgylch drysau tafarndai i anwesu eu caethiwed, fel pryfed o amgylch swp o faw gwartheg. Mae'n bell o fod yn arferiad croesawgar, ac mae'n bur debyg fod peth busnes yn cael ei golli o du darpar gwsmeriaid sydd ddim yn teimlo fel gwthio trwy fôr o fwg a rhegfeydd.

Wrth reswm, rhaid cydymdeimlo â'r smygwyr hyn pan nad oes adnoddau ar eu cyfer, ond neno'r tad, roedd gan y Black Boy glamp o ardd fendigedig mewn cowt i lawr yr ochr, a blychau llwch gweigion yn disgleirio'n lân fel sylltau yma ac acw. Doedd dim rheswm yn y byd i'r cyffurgwn nicotin hyn i fod yn hofran ar y palmant fel adar corff.

Dyma fagu plwc i wthio fy ffordd reit drwy'u canol, gan eu hyrddio o'r neilltu am feiddio dod rhwng dyn a'i luniaeth, a rhoi clec dan ên un neu ddau ohonyn nhw. Wel, dyna oedd y cynllun gwreiddiol. Yn fy nychymyg. Diolch i Dduw, mi ges neidio i ail ran y strategaeth mynediad. Symudodd pawb o'r ffordd yn ddigon cwrtais ond heb yngan gair.

Mae'r Black Boy yn westy mawr sy'n dyddio'n ôl i'r 17eg ganrif, ond wedi gorfod dioddef llawer o newidiadau strwythurol digon disylw ar hyd y blynyddoedd. Serch hynny, mae'r distiau duon yn nenfwd y bar – os fawr o ddim byd arall – yn dyst i'w henaint. Rhyw hanner dwsin o bobol sydd yn y lle, yn amlwg yn adnabod ac yn cyfarch ei gilydd, er bod pob un yn eistedd wrth ei fwrdd ei hun. Mae un ddynes yn syllu ar sgrin deledu enfawr yn y gornel, wedi'i thraflyncu'n llwyr gan orchestion trigolion treisgar rhyw le o'r enw Midsomer. Rargian, pwy fasa'n dewis byw mewn pentre lle mae rhywun yn cael ei lofruddio bob pnawn dydd Mawrth?

Daw un o'r smygwyr oedd wrth y drws yn ei ôl at wydr cwrw hanner llawn, â chwmwl o ddrewdod yn sgubo ar ei ôl. Mae'n estyn tudalen wedi'i rhwygo allan o bapur newydd o'i boced. Gwn ei fod yn beth anghwrtais ceisio darllen dros ysgwydd pobol eraill, ac mae'n gas gen i pan fydd rhywun yn gwneud hynny i mi. Ond diawcs, toedd o ddim yn mynd i sylwi, nag oedd?

Gwelwn ei fod yn darllen hysbyseb tudalen lawn am ryw declyn a elwir yn E-lite – sigarét electronaidd sy'n chwythu nicotin i'r sgyfaint heb greu mwg i darfu ar bobol eraill. Fel rhoi tawelydd ar flaen gwn cyn eich saethu'ch hun. Y tegan perffaith ar gyfer y sawl sy'n methu rhoi'r gorau i'r cast afiach. Wrth i un arall o'r smygwyr wthio heibio'r drws, caiff yr hysbyseb ei stwffio'n ôl yn frysiog i'r boced o ble y daeth. Y fath gywilydd fasa cael ei ddal yn ystyried y fath anfadwaith ar ôl blynyddoedd yn dyfal ddifwyno'i gorff.

Penderfynais lyncu gweddill y sudd afal roedd y dyn tu ôl i'r bar wedi'i werthu'n rwgnachlyd i mi rai munudau ynghynt. Yn fy natur fusneslyd arferol, dyma ymlwybro i gyfeiriad y lolfa, a thrwy'r stafell honno. Roedd gŵr ifanc Asiaidd mewn crys gwyn mor llachar â'i wên wrthi'n gosod byrddau; edrychai fel hysbysebion am bowdwr golchi a phast dannedd wedi'u rowlio'n un. Deallais fod busnes bwyd Indiaidd wedi adleoli yma i'r gwesty ar ôl i'w bwyty nhw i lawr y ffordd fynd ar dân.

Roedd cerddoriaeth sitâr Indiaidd yn nofio'n ysgafn drwy'r lle o'r system sain, ac un hen begor penwyn yn eistedd yn unig wrth y bar yn llymeitian gwin gwyn. Edrychai fel un o greadigaethau'r gorffennol, yn hiraethu am yr Ymerodraeth a gollwyd mewn bar rywle yn Bombay. Yr unig beth ar goll yma oedd y *blunderbuss* a'r *pith helmet* bluog. Neu ella mai fy nychymyg i oedd yn dechrau rhedeg reiat?

Roedd hi'n bryd i mi adael y drefedigaeth a dilyn fy nhrwyn yn ôl am Gymru.

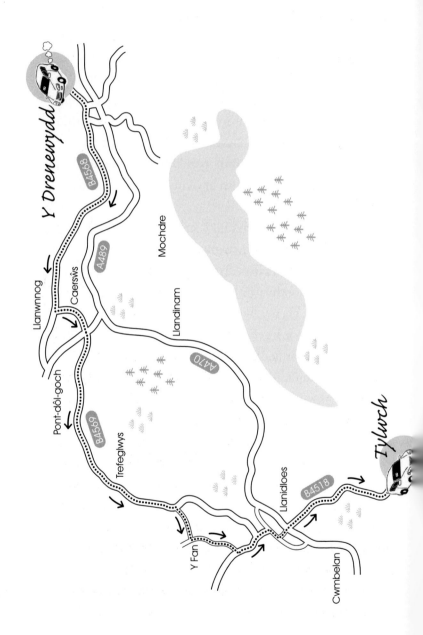

8

Caersŵs, Llanidloes a Thylwch

Mae hen, hen hanes i Gaersŵs. Nid y basech chi'n ymwybodol o hynny. Prin ydi'r clochdar. Dydan ni ddim yn bobol i lusgo'n hanes gerbron estroniaid a'i odro am bob ceiniog, fel y gwna'r Gwyddelod efo gwên fawr ar eu hwynebau a chyfrifon banc llawn.

Bu'n cyndadau Celtaidd yn codi bryngaerau yn y cyffiniau hyn, fel honno yng Nghefn Carnedd. Dyma lle cred rhai i Garadog wneud ei safiad dewr, ond aflwyddiannus a therfynol, yn erbyn y Rhufeiniaid tua chanol y ganrif gyntaf OC. A dyna i chi'r Rhufeiniaid eu hunain. Fe godon nhw ddwy gaer yn y parthau hyn er mwyn ceisio cadw trefn ar y Cymry trafferthus, ac mae gweddillion un i'w gweld ger canol y pentref. Dywedir i'r pentref gael ei enwi ar ôl Swswen; brenhines

Geltaidd oedd hi a laddwyd mewn dicter, ynghyd â'i merch Hafer Wen, gan luoedd y Frenhines Gwendolen o Gernyw i ddial am hudo'i gŵr i'w breichiau. Cafodd cyrff y ddwy eu lluchio i'r afon, gafodd ei galw fyth ers hynny yn afon Hafren.

Os credwch chi'r stori yna, mae'n debyg eich bod hefyd yn credu yn y tylwyth teg, ond mae hi'n stori werth ei hadrodd a'i chadw, serch hynny. Ac mae stad dai Cwrt Swswen yn y pentref wedi cael ei henw er mwyn cadw'r cof yn fyw am y jaden ddiegwyddor.

Datblygiad na ellir ei fethu na'i anwybyddu ydi'r un anferthol a bygythiol o friciau coch sy'n sefyll yn heriol fel bownsar wrth y mynediad i'r pentref ar y B4568. Ar yr olwg gyntaf, gallai rhywun ddychmygu mai carchar ydi o. Dyna oedd yma'n wreiddiol, i bob pwrpas: fe agorwyd wyrcws yma ar gyfer yr ardal gyfan (gan gynnwys Llanidloes a'r Drenewydd) yn 1840, gyda lle i 350 o dlodion truain y tu ôl i'w furiau mwll. Bellach, cartrefi moethus sydd ar y safle.

Cafodd yr awdurdodau gryn drafferth wrth geisio codi'r wyrcws, cymaint oedd y gwrthwynebiad iddo'n lleol. Roedd nifer o weithwyr tlawd yn gwirioneddol ofni gweld eu teuluoedd yn cael eu cloi fel caethweision yn y lle diawledig yma pe baen nhw'n digwydd colli'u gwaith neu eu hiechyd. Difrodwyd yr adeilad sawl gwaith wrth gael ei godi, a chafodd y llwyth cyntaf un o friciau a gludwyd yno eu dwyn o dan drwynau'r awdurdodau. Ond ofer fu pob ymdrech i'w rwystro, a bu'r lle'n garchar i sawl anffodusyn, oedd yn aml yno ddim ond am fân droseddau fel rhoi genedigaeth y tu allan i briodas. Does dim raid dweud na châi'r un tirfeddiannwr (fyddai'n amlach na pheidio wedi rhannu hwyl y creu) ei hun yn yr un picil.

Ar ôl yr Ail Ryfel Byd cafodd y lle ei ddatblygu'n ysbyty ar gyfer pobol â salwch meddwl neu anawsterau dysgu, dan yr enw Llys Maldwyn, ond câi ei alw'n ddigon sarhaus yn 'seilam'. Cafodd ei gau'n llwyr yn 1999.

Gan fod Caersŵs mor amharod i ganu'i glodydd ei hunan, penderfynais nad oedd pwrpas i mi chwilio am daflenni i ganu ohonynt. Dyma wibio trwy'r lle, ac ymlaen i fyny Dyffryn Trannon am Drefeglwys. Cofiwn ym mhen pella'r ymennydd fod rhyw dafarn fach glyd yn gorwedd yn gysetlyd yn Nhrefeglwys. A dweud y gwir, does fawr i'r pentref ond y dafarn ac eglwys, siop, ysgol a chapel. Ella nad oes angen unrhyw beth arall mewn pentref! Beth bynnag, mae'r pentref bychan hwn yn ganolbwynt i gymdogaeth eang, sy'n cynnwys mân 'bentrefi' efo enwau blodeuog ond hudolus megis Maestrefgomer, Bodaioch, Esgeirieth a Dolgwden.

Dyma gyrraedd y Llew Coch, a sylwi â pheth rhyddhad fod y drws yn llydan agored, a thonfeddi croeso'n hudo'r teithiwr talog yn gynnar gyda'r nos fel hyn. Nid bod llawer o waith hudo arna i chwaith. Mae mur o wres yn fy nharo wrth i mi gamu i mewn yn eiddgar. Caf fy nghyfareddu gan dipian cloc, a'r fflamau'n dawnsio yn y lle tân mawr a henffasiwn. Does yr un enaid arall ond y fi yma.

Mae dominos wedi'u gadael ar fwrdd gêmau arbennig, fel petai'r chwaraewyr diflanedig â'u bryd ar ddod yn ôl i'w *Marie Celeste* ac ailgydio ym mhethau. Mae nghalon i'n codi i'r entrychion wrth sylwi bod seidr o'r enw Cornish Rattler ar y bar, un o'm hoff ddiodydd byth ers i mi ei brofi gyntaf ar wyliau niwlog yng Nghernyw.

Mae rhywbeth deniadol ond drygionus ynglŷn â pherthynas dyn â'i seidr. Mae'n ymwneud â stori Adda ac Efa, mae'n debyg, ac ymgais y sopen wirion i'w lusgo fo i drybini efo blas yr afal. Nid bod llawer o waith llusgo ar hwnnw chwaith, nagoedd? Ynghyd â medd, mae'n un o ddiodydd gwreiddiol y Cymry, ond wedi'i ddifetha yn y degawdau diwethaf gan fyrdd o seidrau masnachol di-ddim sy'n blasu fel cesail dafad. Bellach, diolch i'r drefn, mae llu o seidrau go iawn o bob cwr o Gymru yn ôl yn ein tafarnau, ochr yn ochr â rhai o Loegr, Ffrainc a Chernyw. Bu'n uchelgais bywyd gen i i flasu pob un sy'n cael ei gynhyrchu, a dwi'n dal i weithio tuag at y nod hwnnw. Dim ond gobeithio y byddaf byw'n ddigon hir, ac y bydd fy arennau a'm iau'n ddigon gwydn i bara'r daith.

Teimlaf fy mod yn glafoerio braidd wrth ddisgwyl wrth y bar bychan ond taclus, heb ddim ond y set deledu sy'n mwmial yn ddibwrpas yn y gornel yn gwmni i mi. Dyma glirio ngwddw yn gwrtais i ddenu sylw, fel y gwna rhywun, ond heb gael unrhyw ymateb. Fel tafarnwr, mae'n gas gen i bobol sy'n curo ymyl y bar efo pres i gael sylw ond does dim dewis arall gen i rŵan, a'r Rattler yn llyfu'i gweflau'n awgrymog arna i o'i safle ar y bar.

Â phum munud da wedi mynd heibio bellach ers i mi

gamu dros y trothwy, dyma symud i Ran Tri'r Strategaeth Argyfwng a ddysgwyd i mi yn yr Ysgol Yfwyr erstalwm. Dyma alw 'Helô' Cymraeg i gyfeiriad rhyw ddrws, lle gallai rhywun dybio y dôi gwaredigaeth. Dyma wedyn ddangos gwerth a hyblygrwydd dwyieithrwydd trwy alw 'Hello' yn Saesneg, rhag ofn nad oedd y cyfarchiad Cymraeg wedi'i ddeall.

Ddaeth neb i'r adwy. Croesodd y Rattler ei chluniau'n ddeniadol gan f'atgoffa o'r pleser paradwysaidd roeddwn ar fin troi fy nghefn arno. Ond mynd oedd rhaid, a'm syched mor danbaid ag erioed. Taflodd y neidr nwydus gusan olaf ataf a thynnu'i thafod yn chwareus, y cythraul mewn croen iddi, wrth i mi gamu'n ôl i'r awyr iach a hel fy nhraed am weddillion pentref bychan y Fan.

Bu'r lle'n fwrlwm o weithgaredd ar un adeg, pan oedd y diwydiant mwyngloddio plwm yn ei anterth tua diwedd y 19eg ganrif. Codwyd rheilffordd o Gaersŵs hyd at yma, ar lwybr hen ffordd Rufeinig, er mwyn cludo'r trysor gwerthfawr oddi yma. Bu'r bardd Ceiriog yn rheolwr ar y lein hon tan ei farwolaeth yn 1887, a'i gladdu ym mynwent Eglwys Llanwnnog.

Wrth gyrraedd y B4518 mae'r atgofion yn llifo'n ôl o'r amseroedd pan ddefnyddiwn y ffordd anial hon rhwng Llanidloes a Llanbryn-mair, drwy Benffordd-las, er mwyn ceisio torri ar undonedd y daith rhwng de a gogledd. Bu sawl un arall yn yr un cwch, gan gredu bod rhywun yn tocio rhyw chydig funudau o'r daith. Ond roedd cael eich hun y tu ôl i Ffyrgi Bach, yn taflu carthion atoch yn sbeitlyd o'i olwynion cefn mawrion, yn rhwym o sicrhau bod eich taith yn hirach yn hytrach nag yn fyrrach. Sawl tro, sgwn i, y bu sawl un ohonon ni'n sefyll wrth Lyn Clywedog yn syllu ar y tonnau'n dawnsio ar wyneb ei ddyfroedd dyfnion?

Cofiwn glywed y straeon sut y bu i Fudiad Amddiffyn Cymru osod ffrwydron yma mewn protest wrth i'r argae gael ei godi er mwyn boddi'r cwm yn y chwedegau. O bryd i'w gilydd byddwn yn mynd ar grwydr at lan y gronfa er mwyn ychwanegu peth at ddŵr yfed y Saeson, mewn tosturi tuag atynt a hwythau'n marw o syched. Hynny ar ôl picio i mewn i'r Star Inn gerllaw yn Nylife i sicrhau bod cyflenwad digonol yn y bledren. Dim ond yn ddiweddarach y sylweddolais nad cronfa ddŵr yfed mohoni o gwbl ond modd i reoli llif afon Hafren y mae afon Clywedog yn llifo i mewn iddi. Ta waeth. Mae'n helpu i ffurfio rhan o'r ffin rhwng ein gwledydd ym Môr Hafren, felly aeth fy muddsoddiad ym mhocedi'r bragwyr ddim yn wastraff llwyr.

Mae hi'n rhy oer i sefyllian yn hir yma heddiw, efo'r gwyntoedd meinion 'na sy'n chwipio ar draws y bryniau a'r brwyn o gyfeiriad Aberhosan. Af ar draws brig argae Bwlch y Gle ac ymlaen am Lanidloes.

Rhyw le gwrthryfelgar fu Llanidloes erioed – neu Lani, fel mae'r trigolion tafod-dew lleol yn mynnu galw'r dref. Erbyn heddiw mae'n gartref i heidiau o ddilynwyr y bywyd da honedig. O'r tu draw i'r ffin y daw'r rheiny gan fwyaf, wastad yn ganol oed neu hŷn. Maent i'w gweld yn crwydro'r strydoedd fel hysbysebion am sgidiau Iesu Grist a siwmperi Aran, mewn môr o arogldarth, barfau

Neuadd y Farchnad, Llanidloes

Pulpud John Wesley (gwaelod, chwith) wrth Neuadd y Farchnad

môr-ladron a gwallt wedi'i blethu. Maen nhw'n hynod fodlon eu byd, beth bynnag – yn tyfu pannas organig, yn yfed gwin dalan poethion ac yn naddu darnau o goed, rhwng ymweliadau â'r swyddfeydd budd-daliadau.

Ond hyd yn oed flynyddoedd lawer yn ôl, roedd trigolion yr ardal yma'n benderfynol o fod yn 'wahanol', a chodi dau fys ar awdurdod. Ar wal gwesty'r Trewythen mae plac wedi'i osod i gofio terfysgoedd 1839, wedi i fudiad y Siartwyr ddechrau mynnu hawliau i'r werin datws gyffredin. Efo plismyn o Loegr wedi bod yn ceisio cadw trefn ers peth amser, ar ddiwrnod olaf mis Ebrill aeth pethau o ddrwg i waeth pan benderfynodd yr heddlu arestio tri o'r protestwyr. Heidiodd tyrfa enfawr at y gwesty lle roedd y tri'n cael eu dal, a thorri'r drysau i'w rhyddhau. Bu'r dref dan reolaeth y Siartwyr am beth amser hyd nes i filwyr gael eu hanfon yno, a chafodd nifer o'r gwrthdystwyr eu cludo i Awstralia fel cosb am feiddio hawlio democratiaeth, y cnafon drwg iddyn nhw.

Mae nifer o adeiladau du a gwyn hynafol digon deniadol yn y dref, nid lleiaf hen Neuadd y Farchnad. Roedd hon yn arfer bod yn boen yn y pen-ôl pan arferai'r A470 ymlwybro fel malwoden gysglyd trwy ganol Llanidloes, gan sefyll yng nghanol y ffordd i rwystro unrhyw lif rhesymol o draffig. Bellach mae'r briffordd yn gwibio heibio'r dref ar ffordd osgoi newydd, gan adael i'r hen neuadd bendwmpian yn gysurus ar ei chroesffordd gam. Cafodd ei hadeiladu tua 1600 ac mae'n dal mewn cyflwr rhyfeddol o dda. Yn yr haf cynhelir arddangosfa hynod ddifyr am adeiladau pren eraill ledled Cymru i fyny'r grisiau gwichlyd ar ei hail lawr, uwchlaw'r llawr cyntaf agored, di-fur.

Yn un gornel o'r neuadd mae modd sefyll ar garreg lle honnir i'r diwygiwr crefyddol enwog John Wesley bregethu yn 1748. Mae arna i ddyled fawr i John Wesley, mae'n rhaid cyfaddef – nid yn unig am y Tystysgrifau Teilyngdod rheiny efo'i lun ddi-wên o arnyn nhw a gâi rhywun am lwyddo mewn arholiadau yn yr ysgol Sul yn nyddiau plentyndod. Yn ein capel Wesla ni, dwi'n cofio y byddai taflunydd llychlyd yn cael ei lusgo o gwpwrdd yn y festri bob tro y byddai Mr Thomas y gweinidog heb gael amser i drefnu gweithgaredd beiblaidd arall i ni yn y Gobeithlu. Yr un un oedd y rhaglen bob tro, sef ffilm grynedig o 1954 am hanes John Wesley, wedi'i chynhyrchu gan Gomisiwn Ffilm a Radio'r Eglwys Fethodistaidd, neb llai. Dim rhyw hen lol Steven Spielberg i ni, sylwch, ond ffilmiau o sylwedd a graen. Mae'n debyg y baswn i wedi mwynhau'n well gweld Batman yn brwydro efo'r Gathferch ledrog a bronnog, ond mi dreuliais i sawl sesiwn felys yn cysgu trwy'r cyfan yn nhywyllwch llwydaidd y festri, wedi mopio'n lân nad oedd neb yn fy holi'n dwll am ardd Eden neu'r Swper Olaf.

Mae dyn â chynffon ceffyl ynghlwm wrth gefn ei ben, ei fag siopa sachlïain yn orlawn o foron budr a had blodau'r haul, yn edrych arna i'n syn wrth i mi simsanu ar ben y pulpud carreg wrth y neuadd i geisio tynnu llun. Penderfynaf beidio â dynwared Wesley ddim pellach, rhag ofn i'r dyn â'r gynffon holi pa fath o rwdlyn oedd wedi mentro i'w dref.

O ben y garreg caf gip ar westy'r Royal Head. Mae eglurhad digon dilys am enw anghyffredin y lle. Arferai fod yn ddwy dafarn a safai ochr yn ochr – y Royal Oak a'r King's Head. Gwn o brofiad fod tu mewn y Royal Head yn ddeniadol o henffasiwn, efo lle i eistedd oddi mewn i bentan hynafol anferthol. Ond wedi cael fy siomi'n barod mewn un tŷ tafarn, ac wrth i'm llygaid gwrdd eto â rhai cyhuddgar perchennog y gynffon ceffyl, dyma benderfynu gadael y dref. Efallai nad oedd hi'n ddigon mawr i'r ddau ohonon ni. A chanddo fo roedd yr unig ddarn o geffyl rhyngon ni'n dau.

Ar draws y bont gyfoes sy'n croesi'r ffordd osgoi, mae'r B4518 yn mynd yn ei blaen yn ddigon di-stŵr tua'r de trwy gyfres o bentrefi bach cysglyd megis Nantgwyn, Pant-y-dŵr a Saint Harmon. Mae llu o farcutiaid coch yn cadw llygad gosgeiddig ar y cwm wrth gyhwfan yn yr awel uwchben. Ond yn gyntaf daw Tylwch, casgliad bychan o dai a ffermdai'n swatio ym mynwes y bryniau mewn pant yn y ffordd lle mae pont gefngrom yn croesi afon Dulas. Mae pawb sy'n digwydd mynd heibio mewn car yn codi llaw'n gyfeillgar ar y dyn dieithr sy'n crwydro ar droed, ac mae awyrgylch hamddenol o braf i'r lle. Gwyddelig, bron. Does dim i darfu ar frefu defaid, clwcian ieir a hwiangerddi'r ffrwd, ar wahân i ambell awyren ryfel yn rhwygo'r heddwch. Twrw digon tebyg, mae'n siŵr, i'r hyn a ysgydwodd y fro i'w seiliau un bore Sadwrn yn 1899.

Roedd yr ardal hon, bron ar y ffin rhwng sir Drefaldwyn a sir Faesyfed, yn cael ei gwasanaethu gan reilffordd, er

LLUN: IAN PARRI

Tylwch

ei bod mor wledig bryd hynny ag mae hi heddiw. Ar y bore hwnnw o Fedi roedd trên bost newydd gyrraedd gorsaf Tylwch pan gafodd ei daro gan drên o Lanfair-ym-Muallt oedd yn mynd ar daith bleser i Fanceinion. Cafodd merch leol 24 oed oedd newydd fynd ar y trên yn yr orsaf flaenorol ym Mhant-y-dŵr ei lladd. Yn wyrthiol, hi oedd yr unig un fu farw. Ond cafodd pump o bobol leol eraill, i gyd o Lanidloes, eu hanafu'n ddifrifol yn y trychineb wrth i'r ddau anghenfil o drên gael eu hyrddio oddi ar y cledrau i sŵn hunllefus metel yn plygu. Awgrymwyd ar y pryd fod y trên o Lanfair-ym-Muallt wedi methu stopio er i'r arwyddion orchymyn iddo wneud, oherwydd na allai'r gyrrwr gael y breciau i weithio.

Y gorsaf-feistr oedd James Davies, ac fe ddisgrifiodd wrth gwest y Bwrdd Masnach yn ddiweddarach sut y bu

120

iddo ruthro i ganol y sŵn a'r stêm a'r sgrechfeydd eiliadau ar ôl i'r ddamwain ddigwydd.

'Wrth archwilio'r trên,' meddai, 'canfyddais nifer o deithwyr wedi'u hanafu. Roedd Margaret Rowlands, oedd yn teithio yn adran gyntaf y cerbyd agosaf at y fen ar flaen y trên bleser, prin yn fyw a dim mwy. Roedd hi wedi'i chladdu'n llwyr o dan ddarnau o'r trên.'

Wrth sefyll ar y bont, dwi'n ei chael yn anodd credu bod y fath erchylltra wedi taro lle mor nefolaidd. Dwi'n gweld yn glir y bwlch a chwythwyd trwy'r graig er mwyn torri ffordd trwodd i'r rheilffordd yr holl flynyddoedd yn ôl. Mae modd cerdded rhan o lwybr y rheilffordd hyd heddiw, er bod llawer ohono wedi'i adael i fyd natur wneud fel y mynno ag o. Yr ochr arall, yr ochr ogleddol i'r bont, mae safle'r orsaf lle digwyddodd y ddamwain. Tŷ preifat ydi Tylwch Halt erbyn heddiw, a'r enw'n dal yn falch ar gilbost y giât i atgoffa pawb o'r digwyddiad erchyll a chwalodd ddedwyddwch y baradwys yma.

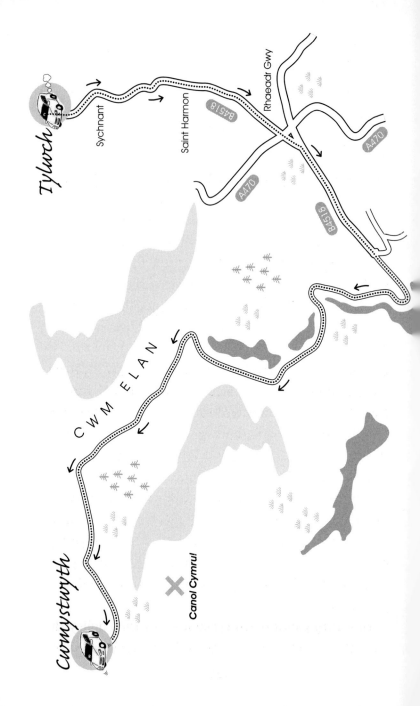

9

Rhaeadr Gwy, Cwm Elan a Chwmystwyth

Ers cyn cof, cafodd Rhaeadr Gwy ei hystyried yn groesffordd rhwng de a gogledd, gorllewin a dwyrain. Dyma'r ffordd yr âi mynachod y Sistersiaid ar hyd-ddi ym mhob tywydd yn eu sandalau annigonol wrth deithio rhwng Ystrad-fflur a Chwm-hir. Arferai'r porthmyn ddod heibio 'ma hefyd ar eu ffordd o Geredigion i'w marchnadoedd yn Lloegr. Ganrifoedd ynghynt daethai'r Rhufeiniaid o'r cyfeiriad arall i geisio rhoi trefn ar y brodorion trafferthus. Bu'r Normaniaid yma wedyn yn eu sathru, a bu milwyr o rannau eraill o Gymru yma hefyd yn ymarfer rhyw fymryn o ysbeilio. Wel, milwyr ydi milwyr.

Yn y 19eg ganrif roedd cymaint â chwech o dollbyrth yng nghyffiniau'r dref, ac roedd raid talu i gael mynediad trwy bob un ohonyn nhw. Roedd y tollbyrth yn atgas gan lawer, nid yn unig oherwydd y gost o'u defnyddio ond hefyd fel symbolau o orthrwm y wladwriaeth a'r crachach ar y werin bobol.

Un noson ym mis Hydref 1843 ymosodwyd ar dair o'r tollbyrth hyn gan ddynion yn gwisgo dillad merched, a'u hwynebau wedi'u duo, mewn reiat swnllyd ac ysgubol. Roedd Beca a'i merched wedi taro yn y fro am y tro cyntaf. Credir i'r enw Beca (talfyriad o Rebeca) gael ei fabwysiadu gan y protestwyr hyddysg iawn eu Beibl oherwydd bod 'na ddarogan yn llyfr Genesis y byddai disgynyddion Rebeca yn 'etifeddu porth eu gelynion'. Gan mai prin oedd yr heddlu yn yr ardal, aeth yr ymosodwyr yn hy yn sgil eu llwyddiant. Dair wythnos yn ddiwedd-arach cafodd gweddill y tollbyrth eu chwalu. Roedd hyn yn rhan o batrwm a ddigwyddodd dros gyfnod o bedair blynedd yng nghanolbarth a de-orllewin Cymru, ond erbyn 1844 fe dawelodd pethau wrth i rai o bryderon y bobol gael eu lleddfu.

Yn rhyfedd ddigon, prin y byddai 'na derfysg tebyg heddiw ynglŷn ag annhegwch y drefn lle mae dosbarth o grach yn dal i reoli'r mwyafrif. Trefn gymdeithasol lle mae trwch y pwrs, lliw'r gwaed neu'r cymar yn y gwely yn bwysicach na'r hyn sydd rhwng clustiau unigolyn. Ac fe ddaeth yr arferiad i ddynion wisgo dillad merched yn un digon annerbyniol erbyn heddiw – yn gyhoeddus, o leiaf. Mi fasa Beca yn gwingo'n anniddig yn ei dillad isa tasa hi'n gwybod.

Rhaeadr Gwy

I'r teithiwr cyfoes, mae mwy o arwyddocâd de/gogledd i'r dref bellach na gorllewin/dwyrain fel y byddai yn y gorffennol. Wrth deithio rhwng y de a'r gogledd – neu fel arall – ar yr A470 felltigedig, daeth y cloc ar y groesffordd igam-ogam yng nghanol Rhaeadr yn rhyw fath o arwydd eich bod wedi cyrraedd 'hanner ffordd', boed hynny'n ffeithiol gywir ai peidio. Sawl tro bûm yn ansicr a ddylwn i ddathlu'r ffaith fod hanner yr artaith ar ben, neu anobeithio mai dim ond hanner ffordd roeddwn i wedi'i gyrraedd?

Codwyd y cloc ar safle hen Neuadd y Farchnad fel cofeb i'r ddau ryfel byd. Mae'r wyneb dwyreiniol yn dangos y ddraig Gymreig yn ymladd â'r eryr Almaenig, a'r wyneb gorllewinol yn dangos milwr a'r ddraig. Braidd yn beryglus ydi hi i sefyll yma i'w edmygu gan mor drwm y gall y traffig fod. Wrth i mi sefyll ar y palmant efo nghamera jyst rŵan, daeth lori gludo gwartheg mor agos nes i mi daeru i fuwch sibrwd cyfrinach yn fy nghlust. Ro'n i'n teimlo'i hanadl yn gynnes ar fy ngruddiau, ac mor falch mai'r pen yna o'r anifail oedd agosaf at yr hollt yn ochr y lori.

Ar adegau fel hyn, er gwaethaf ymdrechion y fuwch, caf fy atgoffa'n llawn pam dwi'n casáu'r briffordd ddiawl yma â chas perffaith. Dwi'n ddiolchgar fod modd ei hosgoi hi'r tro hwn, gan ei chroesi â ngwynt yn fy nwrn ar y gyffordd rhwng Tanners Row a Stryd yr Eglwys.

Wrth gefn yr eglwys mae safle Castell Rhaeadr Gwy. Efallai nad oeddech chi, fel finna, erioed wedi clywed am y castell hwn. Dydi hynny'n fawr o syndod, mae'n debyg.

Nid un o'ch amddiffynfeydd ffroenuchel, crand a bygythiol mo hwn. Meddyliwch am gestyll Caernarfon, Conwy neu Gaerffili, yna sgrwbiwch y darlun yn glir o'ch dychymyg a dechrau eto. Hyd yn oed os meddyliwch am gestyll brodorol llai fel Dolwyddelan, Dolforwyn, Dolbadarn, Castell y Bere neu Garreg Cennen, yna meddyliwch eto, da chi. Smotyn ar fryncyn uwch afon Gwy sy prin yn haeddu cael ei alw'n fryncyn ydi'r cwbl sy'n weddill o hwn. Mae'n debyg mai adeilad pren oedd o, yn sefyll oddi mewn i gloddiau pridd. Mae olion o'r cloddiau i'w gweld hyd heddiw, a rhyw liw o barc bychan tu mewn iddynt.

Cafodd ei godi gan yr Arglwydd Rhys yn 1177, flwyddyn ar ôl iddo gynnal yr eisteddfod gyntaf erioed yn ei gastell yn Aberteifi. Wrth agosáu at Rhaeadr ar eu ffordd adref o'r eisteddfod honno cafodd dau uchelwr lleol, Einion Clud a Morgan ap Meredydd, eu llofruddio gan filwyr y Normaniaid. Maen nhw'n dweud bod maen hir tal a elwir yn Maen Serth, sydd ar gopa bryn Esgair Dderw yng Nghwm Elan, yn dynodi'r union fan. Cododd Rhys y castell yn Rhaeadr er mwyn ceisio llesteirio dylanwad y Normaniaid yn yr ardal. Prin fu ei lwyddiant a chafodd yr adeilad ei gipio gan y Normaniaid a chan ei elynion Cymreig yn eu tro. Fe'i llosgwyd i'r llawr yn 1231, nid gan y Normaniaid ond gan luoedd Llywelyn Fawr wrth iddo yntau geisio ymestyn ei ddylanwad tua'r de. Hy! Pwy sydd angen gelynion?

Cerddaf i lawr llwybr serth heibio ochr y castell at barc digon taclus yr olwg ar lan yr afon. Mae rhyw deimlad hudolus braf i'r lle, yn llawn trydar adar a rhu'r dyfroedd.

Safle hen gastell Rhaeadr

Hawdd credu y basa'r derwyddon wedi teimlo'n hynod gartrefol yma. A wir i chi, dyna'n union oedd yn fy wynebu. Dyn yn ei bumdegau hwyr, faswn i'n tybio, ei wyneb lledrog wedi'i amgylchynu gan donnau o flewiach gwynion, Myrddinaidd. Anodd oedd dirnad ble roedd y barf yn gorffen a'r gwallt yn dechrau. Edrychai fel un o'r derwyddon gwyllt a gododd ofn ar y Rhufeiniaid wrth iddyn nhw gyrraedd Ynys Môn gynta rioed. Nid mod i yno, wrth reswm. Yr hanesydd Rhufeinig Cornelius Tacitus ddisgrifiodd y Monwysion fel hyn: 'Mewn mentyll duon llethol a'u gwallt yn anniben, chwifient eu ffaglau tra oedd cylch o Dderwyddon, gan godi eu dwylo i'r nefoedd yn bwrw melltithion, yn llenwi'r milwyr â chymaint o barchedig ofn.' Mi fasa sawl un fu ar strydoedd Llangefni ar nos Sadwrn yn lled gyfarwydd â'r disgrifiad.

Cododd y blewog ei law i nghyfarch yn ddigon cyfeillgar. Roedd wrthi fel lladd nadroedd yn clirio rhyw fân goediach ar lan yr afon, a meddyliais ei fod am godi cell bren iddo'i hun i fyfyrio ynddi. Ond mae'n debyg fod y lori o Gyngor Sir Powys oedd wedi'i pharcio gerllaw yn awgrymu bod a wnelo'r dyn fwy â'r corff hwnnw nag unrhyw urdd dderwyddol. Y fath siom. Ond os bydd Gorsedd y Beirdd byth yn chwilio am Geidwad y Cledd . . .

Mae'n debyg mai yma yn rhywle roedd y rhaeadr wreiddiol roddodd ei henw i'r dref. Mae'n anodd dweud i sicrwydd erbyn heddiw, er bod yma nant fywiog yn byrlymu dros greigiau llithrig i afon fawreddog Gwy. Pur anaml mae dyn yn llwyddo i ddinistrio rhywbeth mor nerthol â rhaeadr ond mae'n ymddangos mai dyna'n wir a ddigwyddodd yma. Yn ôl rhai cofnodion, cafodd y rhaeadr ei chwalu yn 1780 er mwyn gwneud lle i'r bont garreg ar draws yr afon. Cyn hynny, dywedid bod rhuo'r dŵr yn atseinio trwy'r dref i gyd. Disgrifiodd un teithiwr hi fel 'Niagara Falls fechan'.

Ar draws yr afon, lathenni yn unig o Raeadr Gwy, mae pentref Cwmdauddwr. Ar yr olwg gyntaf, prin fod dim yma i'w gwneud yn werth aros, yn hytrach na'i gwadnu hi i fyny Cwm Elan. Ond wedi'i gwasgu i un o'r strydoedd cefn ar y chwith mae cyfrinach fach hynod. Dwi'n barod i rannu'r gyfrinach honno efo chi, dim ond i chi ddarllen ymlaen yn amyneddgar.

Mae rhywbeth hawddgar iawn am bobol yr ardal hon ym mherfeddion yr hen sir Faesyfed. Pobol barablus a busneslyd yn ystyr orau'r gair, ac yn Gymreig eu natur er yn Saesneg eu hiaith. Mae eu hacen yn syrthio rywle rhwng un siaradwyr Wenglish cymoedd y de a'r un o eiddo'r yfwyr seidr trwynbiws dros y ffin yn Swydd Henffordd. Cofiaf i mi a ngwraig fod yn sefyll yn hamddenol ar y palmant yma un tro, yn gwylio'r byd yn mynd heibio, heb fwriad na chynllun i wneud dim yn arbennig. Daeth dyn lleol aton ni, estroniaid yn ei fro, a gofyn â chwilfrydedd yn ei lygaid oedden ni'n chwilio am dafarn. Wn i ddim oes golwg felly arnon ni'n barhaol ai peidio, nac ychwaith a ddylen ni gymryd hynny fel canmoliaeth. Ond fuon ni brin wyth nano-eiliad yn ateb yn y cadarnhaol – wel, pam gwrthod cynnig hael, yntê?

Nid, deallwch, fod yna unrhyw brinder tafarnau yma, na'i bod yn anodd dod o hyd iddyn nhw, ond dwi wastad wedi bod yn gredwr cryf mewn mynychu'r un canolfannau cymdeithasol â'r bobol leol. Wedi'r cwbl, os ydyn nhw'n eu plesio nhw . . . Cawsom ein hanfon at y Triangle Inn, fel mae hen Dafarn y Rhyd yng Nghwmdauddwr wedi cael ei nabod ers degawdau maith, ac aeth y dyn dieithr yn ei flaen efo'i ddyletswyddau, ein diolchiadau'n atseinio yn ei glustiau a sbonc fach ychwanegol yn ei gam.

Bu'r Triangle yma ers yr 16eg ganrif. Dyma lle'r arferai'r porthmyn aros am lymaid cyn arwain eu gyrroedd trwy'r dyfroedd cyn i'r bont gael ei hadeiladu. Mae'n dafarn wirioneddol drawiadol, a basa'n werth i'r llwyrymwrthodwr mwyaf pybyr lyncu'i ragrith ac ymweld â hi, tasa dim ond i lymeitian coffi neu fynd am bryd o fwyd.

Mae'r nyth morgrug o ystafelloedd a arferai ffurfio'r dafarn bellach wedi'i agor yn un gofod, ond heb ddifetha'r awyrgylch glòs a chynnes. Mae'r nenfwd mor isel fel na fu modd cael y bwrdd dartiau i'r uchder penodol, a bu'n rhaid creu hafn yn y llawr pren er mwyn i'r taflwr allu sefyll yn is. Does dim tŷ bach yn yr adeilad o gwbl. Er nad ydi hi'n anarferol hyd yn oed heddiw i orfod mentro allan i'r elfennau er mwyn cyrraedd tai bach tafarnau, dyma'r unig dafarn i mi fod ynddi lle mae cyrraedd y cyfleusterau'n golygu croesi ffordd. Wrth eistedd yn ôl i fwynhau, roedd yn rhaid i ngwraig a finnau godi ein gwydrau a diolch eto i'r dyn chwilfrydig o Raeadr a rannodd ei gyfrinach â ni.

Mae Cwm Elan i'r gorllewin o'r fan yma'n brydferth ac yn drist ar yr un gwynt. Erbyn heddiw mae'n enwog am ei gyfres o bum argae a'u cronfeydd dŵr a fu'n cyflenwi dinas Birmingham efo'r hylif hanfodol hwnnw er 1904. Ond cyn hynny, bu yma gymuned amaethyddol hyfyw o gant o bobol. Ofer fu eu hymdrechion i achub eu cartrefi. Fel mewn sawl bro arall, yr un hen hanes yn cael ei ailadrodd. O dan y dyfroedd heddiw mae gweddillion plasty Nantgwyllt, lle bu'r bardd Shelley yn byw ar un adeg. Cyflogwyd miloedd o ddynion i weithio ar y prosiect £6m (oedd yn swm anferthol ar y pryd), a chollodd cant ohonynt eu bywydau. Mae'r Ganolfan Ymwelwyr wrth droed argae Caban Coch yn werth ymweld â hi, a chaiff hanes y cwm cyn y boddi ac yn dilyn hynny le dyledus ymysg yr arddangosfeydd.

O Gwm Elan i Gwmystwyth

Diddorol hefyd ydi'r hanes am argae Nant y Gro, a godwyd er mwyn cyflenwi'r cwm tra oedd yr holl waith adeiladu'n mynd yn ei flaen. Doedd dim defnydd iddo ar ôl 1904, ac ym mis Gorffennaf 1942 defnyddiwyd yr argae gan y dyfeisydd Barnes Wallis a'i dîm i brofi effeithiolrwydd eu technegau, wrth iddynt ddatblygu'r bom adlamu enwog. Torrwyd bwlch yn yr argae gan 279 pwys o ffrwydron oedd wedi'u gosod o dan wyneb y dŵr. Arweiniodd hyn yn y pen draw at fomio a bylchu argaeau Möhne ac Eder yn yr Almaen, gan gael effaith bell-gyrhaeddol ar allu'r wlad honno i gynhyrchu trydan ar gyfer ei ffatrïoedd yn anterth y rhyfel.

Mae'r ffordd erbyn hyn yn troi ac yn trosi, fel pry genwair ar fachyn, am sawl milltir heibio'r cronfeydd. Dwi'n mynd heibio dau ddyn canol oed ar feiciau, yn chwys diferyd wrth ddringo i fyny gallt serth. Mae'n anodd peidio sylwi ar y dillad arch-dynn yna sydd mor boblogaidd ymysg brawdoliaeth a chwaeroliaeth y 'beicwyr go iawn'. Prin fod gwyleidd-dra'n bosib yn y fath wisg.

Maen nhw'n f'atgoffa o'r diweddar ddigrifwr Max Wall, oedd yn enwog am ei gymeriad Professor Wallofski, a arferai wneud rhyw fath o fartsio doniol i guriad drymiau, gan wthio'i din allan fel iâr mewn teits *ballet*. Dim rhyw lol efo sgriptiau cymhleth iddo fo, felly.

Ymhen hir a hwyr mae'r tir yn agor allan yn anialdir corsiog, mawnog a gwyntog, lle mae arwyddion ffyrdd parhaol yn rhybuddio rhag rhew. Mae'n ymddangos bod pobol yn ceisio rhoi cynnig ar amaethu'r lle dinad-man hwn, ond mae'n anodd dychmygu sut fath o ffermio fasa'n tycio yma. Heblaw am ffermio'r gwynt, o bosib.

Gwibia'r ffordd yn ei blaen efo prin unrhyw gerbyd arall i'm rhwystro, ac mae arwydd yn cyhoeddi fy mod wedi gadael Powys a chyrraedd Ceredigion. Wn i ddim a ddylwn estyn am y siampên ai peidio. Mae'r dirwedd yn ysgafnhau ac yn gwyrddio'n rhyfeddol, a dof ar draws coed am y tro cyntaf ers peth amser. Taeraf i mi weld gwiwerod yn chwarae yn y brigau uwch fy mhen. Ond dydi'r freuddwyd felys ddim yn para'n hir. Caf fy neffro a'm hysgwyd yn ôl i'm seiliau wrth gyrraedd Cwmystwyth.

Wrth ddringo i fyny harddwch Dyffryn Lledr ar y trên o Landudno, mi ewch trwy dwnnel hir cyn gwthio'ch trwyn allan fel twrch daear yng nghanol tomenni llechi anferthol Blaenau Ffestiniog. Mae'r newid yn y dirwedd yn syfrdanol – prydferthwch amaethyddol yn troi'n dirwedd ddiwydiannol mewn amrantiad, bron. Er nad fan hyn ydi'r lle pertaf yn y byd, o bell ffordd, mae'n rhoi rhyw wefr i rywun. Dwi'n eithaf hoff o hagrwch llwydlas y Blaenau hefyd, er yr olion chwys a gwaed ar y llechi. Felly dwi'n teimlo rŵan wrth gyrraedd Cwmystwyth.

Mae'r olygfa o mlaen i fel wyneb y lleuad – pentyrrau o rwbel hynafol rhwng tyllau wedi'u cloddio yn y llethrau dros ganrifoedd maith. Mae gweddillion ambell adeilad yn sefyll fel dannedd drwg mewn penglog yma ac acw. Bu cloddio am blwm, sinc ac arian yma ers pedair mil o flynyddoedd gan y Celtiaid, y Rhufeiniaid a phawb a'u holynodd. Maen nhw i gyd wedi gadael eu marc. Yn 2002, ar safle Banc Ty'n Ddôl, daethpwyd ar draws tlws aur oedd o leiaf ddeugain canrif oed – yr addurn aur hynaf i'w ganfod erioed yng Nghymru, yn ôl pob tebyg. Flwyddyn yn ddiweddarach, darganfuwyd olion bedd bron yn union odano. Mae modd gweld y tlws yn yr Amgueddfa Genedlaethol. Mae'n edrych fel disg ffoil aur, a gallai'n hawdd fod wedi cael ei ddefnyddio'n wreiddiol fel *clasp* i gau mantell.

Arhosaf ar ochr y ffordd i fwynhau'r golygfeydd syfrdanol, a'u lliwiau annaturiol. Mae cwpwl canol oed gerllaw yn gwneud pob math o synau amheus wrth lafoerio trwy sbienddrych, gan ei basio'r naill i'r llall fel pecyn amheus mewn bar yn Baghdad.

Ychydig i'r de o'r fan hyn, ger Llyn Fyrddon Fawr ar y llethrau corsiog sy'n uno Banc Mawr, Banc Du a Charreg Ddiddos, y mae man canolog Cymru, yn ôl pobol yr Arolwg Ordnans. Cyfeirnod grid SN7972871703, a bod yn fanwl gywir, rhag ofn fod arnoch awydd mynd yno am bicnic. Cewch sicrwydd na fydd morgrug yno i amharu ar eich hwyl. Dechreuodd fy nhraed gosi efo'r awydd i droedio'r filltir wleb at y lle, ond daeth plwc o wynt rhynllyd o gyfeiriad Banc Du i wneud i mi newid fy meddwl.

Canol Cymru. Calon Cymru. Mae'n anodd dychmygu lle mwy trawiadol, er gwaetha'r ffaith ei fod yn bell o bob man. Anialdir i rai, lle i enaid gael llonydd (fel yr ysgrifennodd J. Glyn Davies am rywle arall diarffordd) i eraill.

Dwi'n bendant efo'r ail garfan.

Cwmystwyth

B4574

B4343

Pont-rhyd-y-groes

Ysbyty Ystwyth

Ystradmeurig

Ffair-rhos

B4340

Pontrhydfendigaid

Swyddffynnon

B4343

Ystrad-fflur

10

O Bont-rhyd-y-groes i Ystrad-fflur

Nid heb reswm yn llwyr mae ardal Pont-rhyd-y-groes yn hoffi meddwl amdani'i hun fel 'Swistir Fechan', ag olion y mwyngloddio oedd mor amlwg yng Nghwmystwyth wedi'u gorchuddio yma dan goed a thyfiant hael. Bellach, mae Pont-rhyd-y-groes yn ddigon tlws a gwledig – er, mae'n debyg na fasa Hans, pe bai o'n llusgo'i gorn Alpaidd i lawr y stryd yn ei drowsus lledr pen-glin, yn gweld fawr o debygrwydd rhwng fan hyn a'i famwlad.

Meddyliaf am roi cynnig ar iodlo, er mwyn teimlo'n wefr o glywed fy llais fy hun yn atsain oddi ar y creigiau. Ailfeddyliaf cyn i'r cotiau gwynion ymddangos. Rhyw fymryn yn dila ydi bryniau Pumlumon o'u cymharu â'r Matterhorn a'i debyg. Hyd yn oed o'u cymharu â'r Cnicht a mynyddoedd Eryri, a dweud y gwir. Mae fel gosod Victoria Beckham anorecsaidd a'r fodel fronnog Jordan 'na ochr yn ochr.

Prin fod neb yn crwydro'r stryd. Does neb i nghyfarch ond rhyw gi rhech swnllyd sy'n cyfarth yn heriol tu ôl i giât ffrynt ei gartref, cyn sgrialu'n ei ôl am ddiogelwch y tŷ wrth i mi ddynesu. Mae'r Miners Arms ar gau am y prynhawn, yr unig dafarn sy'n weddill o bump yn y pentref a arferai helpu'r mwynwyr i olchi'r plwm i lawr ar un adeg. Gyda diflaniad y mwynfeydd, diflannodd pob gobaith am waith. Diflannodd y mwynwyr a'u teuluoedd i chwilio am borfeydd brasach, a diflannodd yr angen am gymaint o dafarndai.

Mae'n ymddangos bod y siop a'r dafarn yn un busnes cyfun, yn cael ei redeg o'r un adeilad. Golwg ddigon diflas sydd ar y ferch sy'n symud o un droed i'r llall y tu ôl i'r cownter, yn amlwg yn ysu am rywbeth i'w wneud. Mae'n enghraifft glodwiw o siop bentref yn ceisio bod yn bob-dim-i-bawb – gorchwyl ddigon anodd pan fo pawb o fewn taith ddeng munud i'r archfarchnad agosaf neu o fewn clic i'r siop ar y we. Cymeraf ddeng munud da i gael golwg ar hyn a'r llall, ond yn y diwedd doedd dim roeddwn i wirioneddol ei angen. Doedd yr un enaid arall wedi camu i mewn i brynu hyd yn oed fotwm crys neu fodfedd o lastig trôns. Prin fod gen i'r hyfdra i gamu heibio'r ferch heb roi cyfle iddi glywed ping y til. Dyma fachu potel fechan o bop o'r oergell, a phlannu £1.30 yng nghledr agored ei llaw.

Mae'n rhoi edrychiad i mi sy'n gorwedd rywle rhwng siom a diolchgarwch, gan osod ei chelc yn ddiseremoni yn nrôr y til fel tawn i newydd eu bathu mewn adweithydd niwclear.

'Diolc un fawa,' meddai, gan ddangos o leiaf ryw fath o barch at y wlad wnaeth ei mabwysiadu.

Wrth ymlwybro'n hamddenol ar hyd y B4343, a'r haul annisgwyl yn taflu cysgodion hirion dros ffenest flaen y car, meddyliaf eto pa mor anodd ydi ennill ceiniog onest mewn siop fechan heddiw. Does ryfedd yn y byd eu bod yn prinhau. Yn sydyn ddigon caf fy siglo i'm seiliau gan ryw anghenfil anferthol o adeilad ar y gorwel. Meddyliaf fod rhyw amaethwr tlawd o Gardi wedi cael cymhorthdal hael o Frwsel i godi parlwr godro newydd i'w fuches, ac wedi rhoi'r gweddill yn ei gyfrif cudd ym Monte Carlo. Sylweddolaf wrth ddod yn nes mai'r hyn sy'n bygwth achosi diffyg ar yr haul ydi pafiliwn enwog Pontrhydfendigaid ar ei newydd wedd.

Cafodd y pafiliwn gwreiddiol ei godi yn y chwedegau gan y dyn busnes lleol Syr David James, un o'r teulu enwog o garedigion Cymreictod a fagwyd ar fferm Pantyfedwen yn y pentref. Roedd yn berchen ar gadwyn o sinemâu, ac yn teimlo'n gryf nad oedd reswm yn y byd pam na fedrai cefn gwlad Ceredigion hefyd fwynhau adnoddau hamdden gwerth chweil. Cyfrannodd yn hael tuag at ddatblygu maes criced, llyfrgell a neuadd snwcer, a thrwy ei anogaeth gwelwyd Pontrhydfendigaid yn cynnal un o eisteddfodau blynyddol rhanbarthol mwyaf Cymru. Daeth

Cwpan Pantyfedwen, y bydd timau pel-droed Aelwydydd yr Urdd yn cystadlu amdano, yn enwog fel un o'r tlysau chwaraeon mwyaf eu maint yn y byd. Methodd ambell gapten coesfain ifanc ei godi uwch ei ben heb gymorth ei gyd-chwaraewyr. Ond y bluen fwyaf, o bell ffordd, yn het Gymreig Syr David oedd Pafiliwn y Bont, er iddo farw cyn gweld ei agor yn 1967.

Mae'n debyg y basa brodor o'r blaned Mawrth yn teimlo mai gwallgofrwydd llwyr oedd codi neuadd gyngerdd o'r maint yma yng nghefn gwlad Cymru, heb fod ar gyfyl maes awyr, gorsaf drenau na hyd yn oed priffordd. Yn sicr, mae'n edrych allan o'i le. Nid bod pobol y Bont yn malio ffeuen am farn pobol eraill, wrth gwrs. Chwarae teg iddyn nhw.

Do, mi fu'r mawrion yn perfformio yma, o fyd y canu clasurol at yr arch-grŵp pop Cymraeg, Edward H. Heidiai hyd at bedair mil o bendolcwyr ifanc yma i lenwi'r pafiliwn, fel tiliau'r tafarnau lleol, i'w ymylon. Ond nid neuadd gyngerdd yn unig mo'r pafiliwn yma, na lle i gynnal eisteddfodau. O naci! Gwelwyd reslo yma, a'r unig dreialon cŵn defaid yn y byd i gyd yn grwn i gael eu cynnal dan do. Gallaf y funud 'ma weld Mot a Pero'n ymbincio o flaen y drych 'na yn yr ystafell newid, a'r bylbiau'n disgleirio o'u hamgylch, cyn hawlio'u pum munud o enwogrwydd. Sa'n fan'na, Mot! Wrth gwrs, yma hefyd y bu cystadleuaeth Cân i Gymru yn cael ei chynnal tan 2012, a'r lle'n llawn o gyfryng-gŵn ponslyd, a mwg ffug yn byrlymu dros y llwyfan fel rhywbeth o labordy Dr Jekyll. Ac yna, yng nghanol y cymylau, yr ymgeiswyr a'u caneuon – pob un yn canu nerth ei ysgyfaint am y fraint o gynrychioli'u gwlad mewn cystadleuaeth Bangeltaidd yn Iwerddon sydd prin yn cael sylw yno, heb sôn am fama.

Cofiaf gael fy anfon i'r Ŵyl Ban-geltaidd honno yn Tralee unwaith, yn rhinwedd fy swydd fel gohebydd. Prin fod neb yn Nhra-lî hyd yn oed yn ymwybodol fod y cystadlu'n mynd ymlaen o dan eu trwynau. Daeth yn gêm gynnon ni'r hacs diwylliedig i ddiflannu i rywle cyn gynted ag y clywem leisiau Cymraeg yn camu i gaffi neu dafarn, gan wybod i sicrwydd y basa'r diawliaid yn rhwym o ddechrau canu cyn i chi fedru deud 'Calon Lân'. Un noson bu'n rhaid i ni wadu mai Cymry oedden ni. Penderfynodd aelodau chwil o gôr meibion foddi band gwerin lleol oedd yn diddanu mewn cornel o far bywiog, mewn môr o emynau galarnad yn syth o'r fynwent. Sylw un wàg o Wyddel oedd: 'Doedd hi'n rhyfedd yn y byd i'r Zulus daflu gwaywffyn atoch chi.' Dim ond hanner cellwair oedd o. Tasa 'na ddryll wedi bod wrth law'r funud honno, hawdd credu y basa gan y côr fymryn yn llai o aelodau wrth anelu am y llong yn ôl am Gymru. Mi faswn i wedi gwirfoddoli'n llon i basio rhagor o fwledi iddo.

Aeth y pafiliwn â'i ben iddo, braidd, dros y blynyddoedd, a chafodd ei gau yn y flwyddyn 2000 oherwydd pryderon diogelwch. Yn ddiweddarach fe ddifrodwyd o gan dân. Ond cafodd ei ailagor ym mis Mai 2006 wedi i wirfoddolwyr lwyddo i godi £1.7m i'w adnewyddu. Roedd hi'n addas iawn mai'r digwyddiad cyntaf i'w gynnal yn y lle ar ei newydd wedd oedd Eisteddfod Pantyfedwen.

Mae cofgolofn i deulu'r Jamesiaid ger y fynedfa i'r pafiliwn, ond wrth i mi sefyll i ddarllen yr ysgrif arni, dim ond Saesneg dinesig dwi'n ei glywed o enau'r bobol sy'n brysio heibio imi heb gydnabod fy modolaeth. Mae'n debyg y basa hynny wedi siomi'r teulu.

Mae'r pentref wedi'i enwi ar ôl y bont a godwyd yn y 18fed ganrif i groesi'r afon dros y 'rhyd fendigaid', sydd yma hyd heddiw. Nid fod pawb wedi gwirioni arni, chwaith. Yn 1760, yn fuan ar ôl ei chodi, cafodd ei disgrifio mewn cân gan Edward Richard o Ystradmeurig fel hyn:

> Mae'n fingul, mae'n fongam, mae'n wargul,
> mae'n wyrgam,
> Mae llwybr diadlam anhylaw yn hon,
> Ni welwyd un ellyll, na bwbach mor erchyll,
> Erioed yn traws sefyll tros afon.

Rhag colli allan i giamocs Tegi a'r dynion bach gwyrddion yng nghyffiniau'r Bala, daeth Pontrhydfendigaid i sylw'r wasg hefyd efo'i stori ddirgel ei hun. Tra bydd ardaloedd eraill yn fodlon beio'r llwynog pan fydd defaid yn cael eu rheibio, bu raid i'r Cardis fynd ar drywydd llawer mwy trawiadol. Yn fama, cath sy'n cael y bai. Ond nid rhyw Bwsi Meri Mew o beth sy'n ganu grwndi ar eich glin, dalltwch. Fasech chi ddim am gael *hon* ar eich glin ar unrhyw gyfri. Bydd dynion yn eu llawn bwyll yn crynu yn eu welingtons wrth adrodd hanes eu colledion yn y Llew Coch liw nos gaeaf. Ac mae lle i gredu nad y cwrw sy'n siarad yn yr achos yma, a bod Bwystfil y Bont yn greadur go iawn o gig a gwaed.

Mae'r heddlu wedi cymryd yn hollol o ddifri yr adroddiadau am biwma'n herwa yn yr ardal dros gyfnod o dri deg mlynedd a mwy. Canfuwyd corff oen yma un tro, ac un o'i goesau a'i ysgwydd wedi'u brathu i ffwrdd. Aethpwyd ati i hela'r gath â hofrenydd, efo'r bwriad o'i saethu'n gelain, ond ni chafwyd hyd i gath fawr wyllt erioed. Efallai ei bod hi'n rhy glyfar i gael ei dal. Efallai ei bod wedi ymddeol i gartref hen gathod. Efallai bod y BNP neu UKIP wedi'i hel yn ôl adref i'w gwlad ei hun. Neu – efallai – nad oedd yn bodoli heblaw yn nychymyg byw'r Cardi?

Ond ust! Be ar wyneb daear ydi'r rhuo aflafar 'na sy'n dod o'r goedwig fan acw? Pwy? Fi? Ofn? Cerwch o 'na. Ond mae'n hen bryd i mi hel fy nhraed o'r Bont, dwi'n meddwl, cyn i mi ddarganfod rhywbeth mwy dychrynllyd nag y dychmygais amdano erioed. Dwi'n ddigon balch o gyrraedd gwerddon dawel Ystrad-fflur yn un darn, heb olion dannedd arnaf yn unman.

Ym mynwent eglwys Ystrad-fflur mae bedd teuluol Jamesiaid Pantyfedwen, ond wedi dod yma ydw i i ymweld â'r abaty a bedd unigolyn a wnaeth hyd yn oed fwy na nhw i hyrwyddo'r Gymraeg. Ychydig sy'n weddill, mewn gwirionedd, o'r abaty gafodd ei sefydlu gan yr Arglwydd Rhys yn 1164. Ia, hwnnw eto. Dyn prysur, doedd? Mae rhyw deimlad gwefreiddiol o fod mewn

Bedd Dafydd ap Gwilym

cysylltiad uniongyrchol â hanes ein cenedl mewn lle â chymaint o awyrgylch iddo â hwn. Mae'r cerrig oeraidd yn sibrwd cyfrinachau wrth eu cyffwrdd, a'r cysgodion tawel, hirion yn creu drama o'r gorffennol.

Mae disgynyddion Rhys, tywysogion Ceredigion a Deheubarth, wedi cael eu claddu yma. Credir hefyd mai yma y cafodd 'Brut y Tywysogion', casgliad o ysgrifau hynafol sy'n cofnodi hanes cynnar y genedl, ei lunio gan y mynachod. Cafodd yr abaty ei ddiddymu gan Harri'r Wythfed wrth iddo geisio rhoi ergyd farwol i'r ffydd babyddol a fu unwaith yn teyrnasu trwy Gymru a Lloegr, fel y gwnaeth o trwy weddill yr ynysoedd hyn.

Ar ôl ymlwybro drwy theatr fyw'r abaty, o'r diwedd dwi'n cyrraedd man gorffwys bardd mwyaf y Gymraeg erioed, Dafydd ap Gwilym. Yn wir, roedd o'n un o feirdd mwyaf y cyfandir cyfan yn ei ddydd. Dwi wedi dotio erioed pa mor gyfoes ydi neges cerddi Dafydd hyd yn oed heddiw. Wel, y darnau hynny dwi'n medru eu deall, o leia. Mae'n ddigon anodd darllen gweithiau canoloesol mewn unrhyw iaith, er bod Cymraeg canoloesol yn haws ymdopi ag o na seiniau canoloesol sawl iaith arall. Ond mae'n werth ymlafnio trwy waith Dafydd ap Gwilym, i glywed am ei chwant am gwmpeini Morfudd a Dyddgu, ac am ei hoffter o fyd natur ac o'r ddiod feddwol. Roedd yn byw bywyd i'r eithaf, a phan fu farw tua 1360 ac yntau prin yn ddeugain oed, mae'n debyg iddo fynd i'r pridd â gwen o foddhad ar ei wyneb.

Mae ei gerdd i bentref Niwbwrch ar Ynys Môn yn disgrifio'i agwedd at fywyd i'r dim:

Hawddamawr, mireinwawr, maith,
Dref Niwbwrch, drefn iawn obaith,
A'i glwysteg deml a'i glastyr,
A'i gwin a'i gwerin a'i gwŷr,
A'i chwrf a'i medd a'i chariad,
A'i dynion rhwydd a'u da'n rhad.

Cadwodd at y canllaw y glynodd y môr-leidr Barti Ddu ato'n ddiweddarach: 'Bywyd llon a bywyd byr fydd f'arwyddair'. Fel Dafydd ap Gwilym, cafodd yntau ei ddymuniad.

Mae'n anodd gwybod beth ro'n i'n ei ddisgwyl wrth chwilio am y bedd. O feddwl pa mor ddylanwadol y bu Dafydd ar ein diwylliant, mae'n lled debyg mod i'n disgwyl clamp o gofeb ysblennydd. Ond fuon ni'r Cymry erioed yn feistri ar fynd dros ben llestri o ran cofebion – mwya'r piti, mewn ambell achos. Rhyw dwmpath o gerrig a choeden ywen wargam yn gwyro ohono sy'n fy wynebu, a llechen fechan gerfiedig wedi'i gosod yno i nodi enw'r bardd. Mae rhywun wedi gadael blodyn neu ddau mewn pot jam, er cof. Morfudd neu Dyddgu, tybed?

Does dim sicrwydd mai dyma'i fedd, hyd yn oed. Mae rhai'n dadlau mai ddeng milltir i ffwrdd yn Abaty Talyllychau y cafodd ei gladdu, honiad a gafodd ei gofnodi mor bell yn ôl â'r 16eg ganrif. Ond ta waeth am hynny. Mae rhyw deimlad hudolus i'r lle hwn. Does syndod yn y byd i'r canwr a'r cyfansoddwr Gai Toms fynnu iddo gael rhyw ysbrydoliaeth o ymweliad â'r fan y diwrnod yr enillodd gystadleuaeth Cân i Gymru 2012 yng nghanol y mwg ffug, filltir i ffwrdd yn y pafiliwn enfawr.

Fel yr ysgrifennodd Dafydd ap Gwilym ei hun:

> Siprys dyn giprys dan gopr,
> Rhagorbryd rhy gyweirbropr.

A be ddiawl bynnag mae hynny'n ei olygu?

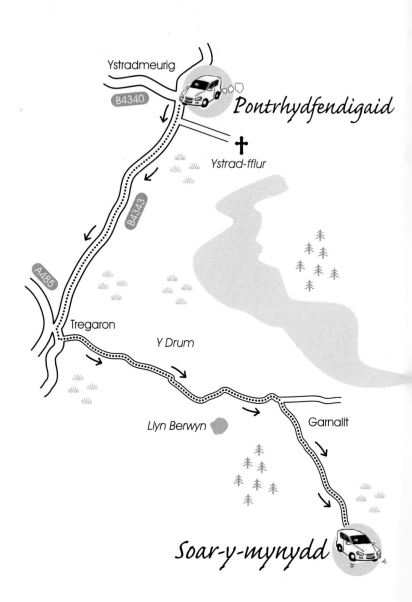

11

O Dregaron i Soar-y-mynydd

Mae ambell le sydd wastad yn siomi rhywun, er gwaetha'r rhamant sy'n perthyn i'w enw. Dyna ichi Lannerch-y-medd ar Ynys Môn a Rhosllannerchrugog, ger Wrecsam – ac enwi dim ond dau.

At y rhestr fer honno gellwch ychwanegu Tregaron. Dwi'n cofio mynd yno am y tro cyntaf erioed yn blentyn llygadrwth, wedi fy swyno gan yr enw a chysylltiadau'r lle â Thwm Siôn Cati, yr oedd nofelau T. Llew Jones wedi'u serio mor lliwgar yn fy nychymyg. Eithaf cynnar ryw nos Sadwrn oedd hi, a'r strydoedd mor wag â phot elusen mewn tafarn llawn Cardis. Prin fod siop ar agor ond dwi'n cofio sylwi ar rimyn o oleuni'n stryffaglio'n anfoddog heibio'r llenni yn ffenest rhyw dafarn. (Ia, yn blentyn llygadrwth!)

Disgwyliwn weld y dre'n llawn o gyfeiriadau at yr hen Dwm Siôn Cati: cerflun neu ddau, canolfan ddehongli, neu efallai dafarn y Cati Arms. Neu barc thema'n llawn ogofâu plastig, a lladron mewn hetiau trichornel a mygydau? Y fath siom i blentyn bach. Mae'n debyg na wnes i erioed faddau i Dregaron.

Llifodd yr atgofion hynny'n ôl wrth i mi gamu i'r sgwâr unwaith eto, a bysedd gwan yr haul yn ymarfer eu tonic sol-ffa ar allweddellau toeau swil y dref. Mae dau ddyn a'u lager a'u baco yn eistedd y tu allan i'r Talbot Arms, yn ceisio anwybyddu'r brathiad o oerfel yn yr aer. O'u blaenau mae cerflun yr apostol heddwch Henry Richard (mab enwocaf Tregaron ar ôl yr hen Cati), wedi troi ei gefn arnynt yn anghydffurfiol surbwch i gyd. Prin fod neb arall o gwmpas. Daeth teimlad o *déjà-vu* drosof. Sylwaf mai yn Saesneg mae sgwrs y ddau, a Saesneg sy'n fy nghyfarch wrth i mi gamu i'r bar cefn yn y Talbot.

Mae dyn canol oed, boliog, mewn tracwisg Manchester City a sgidiau ymarfer gwynion, yn cwyno wrth y ferch y tu ôl i'r bar fod ei dîm wedi colli yn erbyn Abertawe. O bawb. Y fath warth. Mae ei hwyneb yn bradychu'r ffaith fod ganddi gymaint o ddiddordeb yn y sgwrs hon ag y basa gan yr Apostol Heddwch ei hun mewn peint o lager. Prin yw ei chydymdeimlad â'r dyn yn ei alar. Tasa hi'n iau, gallwn yn hawdd ei dychmygu'n cnoi gwm yn ddiflas y tu ôl i'r til yn Aldi neu Lidl. Ond chwarae teg, mae hi'n gwneud ymdrech lew i gyfrannu at y sgwrs, gan daflu

rhyw 'Yeah . . .' neu 'I know . . .' achlysurol i'r potes.
Serch hynny, mae ei phrif sylw, mewn gwirionedd, ar ryw
raglen gwis swnllyd sy'n bloeddio o sgrin deledu
anferthol ar y wal.

Bron bod raid i mi estyn am y llumanau er mwyn
egluro iddi mewn semaffor pa fath o luniaeth rydw i am
ei gael, cymaint ydi'i thrafferth i nghlywed i dros y brefu
o'r bocs. Mor dwymgalon y croeso, rhaid dianc rhag ei
wres i'r bar arall yn y ffrynt.

O'r diwedd, clywaf yr heniaith yn cael ei siarad. Dau
neu dri o Gardis mewn oed wedi hel o amgylch clamp o
dân, fel tasan nhw'n ymarfer at Ddydd y Farn. Mae un
ddynes yn eistedd mor agos at y fflamau nes mod i'n
taeru imi ogleuo cnawd yn rhostio. Maen nhw'n edrych
arna i fel taswn i'n swyddog treth incwm neu ddyn difa
llygod wrth i mi eu cyfarch yn Gymraeg, cyn ymateb efo
rhyw 'Shwmâi' digon swta a mynd yn eu blaenau i drafod
anturiaethau bywyd-bob-dydd eu tref.

Does ryfedd yn y byd i'r hen gerdd nodi:

> Mae Tregaron fach yn mwgu,
> Nid oes fater 'ta hi'n llosgi;
> Os bydd newydd drwg ar gerdded,
> Yn Nhregaron cewch ei glywed.

Cymeriadau digon brith fu'n byw yma erioed. Dyna ichi
Blant Mat, dau frawd a chwaer oedd yn lladron o fri yn y
18fed ganrif, epil tafarnwr lleol o'r enw Matthew Evans.
Yn ôl y sôn, roedden nhw'n arfer cuddio mewn ogof ger

Pontarfynach roedd ei mynedfa mor anodd dod o hyd iddi fel nad oedd modd cipio'r tri'n ddirybudd. Ond daeth pen ar eu castiau ar ôl iddynt gael eu dyfarnu'n euog o lofruddiaeth. Daliwyd nhw, a chafodd y tri eu dienyddio. Doedd parôl ar ôl wyth mlynedd ac addewid na fydden nhw byth yn blant drwg eto ddim yn opsiwn bryd hynny. Y rhaff oedd pia hi bob tro.

Ddwy ganrif ynghynt, lleidr arall fyddai'n codi ofn ar y fro. Er i haneswyr a nofelwyr fel ei gilydd orliwio rhyw gymaint ar gefndir Twm Siôn Cati, does dim dwywaith nad oedd yn gymeriad apelgar. Thomas Jones oedd ei enw iawn – mab i Siôn ap Dafydd ap Madoc ap Hywel Moetheu a'i wraig Catherine. Cawsai ei ffugenw Cati o enw'i fam, hithau fel ei gŵr yn hanu o linach o fân grachach.

Cafodd Twm ei eni ym Mhorth-y-ffynnon yn Nhregaron yn 1530, ac yn rhyfeddol, bu'n rhannu'i amser rhwng bod yn lleidr pen ffordd a'i fywyd parchus fel ustus heddwch, bardd a hynafiaethydd. Mae'n debyg mai rhyw or-ramantu ydi'i ddarlunio fel lleidr da oedd yn dwyn oddi ar y cyfoethog er mwyn gwneud pethau'n haws i'r tlodion. Mae'n siŵr mai uwch-swyddog mewn cwmni bancio fasa Twm tasa fo'n fyw heddiw, yn pluo'i nyth ei hun a naw wfft i bawb arall. Roedd pawb dros ardal eang ei ofn o, fel mae'r hen rigwm hwn yn ei gofnodi:

Mae llefen mawr a gweiddi
Yn Ystrad Ffin eleni,
A'r cerrig nadd yn toddi'n blwm
Gan ofon Twm Siôn Cati.

Rhoddodd y gorau i'w ddwyn a'i ladrata yn 1559 pan gafodd gynnig pardwn gan Frenhines Lloegr, Elisabeth y Gyntaf, gan gredu'i fod bellach wedi hel digon o gelc iddo'i hun. Bu fyw tan 1609 ond erbyn hynny roedd yn amlwg iddo fyw bywyd braidd yn rhy dda – mae ei ewyllys, sy'n cael ei chadw yn y Llyfrgell Genedlaethol yn Aberystwyth, yn dangos ei fod mewn dyled i Syr Richard Pryse, Gogerddan, pan fu farw. Gwerth ei eiddo oedd £139 5s ac aeth bron y cyfan ohono i'w wraig, a'i fab anghyfreithlon John Moythe yn etifeddu'i wartheg, ei ddefaid a'i wely plu.

Bellach, cynhelir dathliadau Diwrnod Rhyngwladol Twm Siôn Cati ar yr 17eg o Fai bob blwyddyn, sef y dyddiad y llofnodwyd ei ewyllys yn 1608. Yn yr ewyllys honno mae'n cydnabod nad yw ei ddiwedd ymhell, gan ddisgrifio'i hun fel 'Thomas Johnes of Fountaine Gate in the parish of Caron in the countie of Cardigan, gent. being sicke in bodie.'

Roedd ei fywyd yn un sy'n llawn haeddu cael ei nodi, yn enwedig o ystyried y fath sylw sy'n cael ei roi'n rhyngwladol i hoff leidr y Saeson, Robin Hood. Wedi'r cyfan, roedd Twm yn ddyn o gig a gwaed, a'r llall yn fawr mwy na chwedl.

Daeth yn bryd ymadael â thref Twm a'i gwneud hi am y de, gan wynebu dewis rhwng y ffordd dros y mynydd am Lanwrtyd, neu barhau i lawr y B4343 am Landdewibrefi.

Daeth enwogrwydd rhyfedd i Landdewibrefi. Nid fel basa rhywun yn ei feddwl – nid fel y man y cododd y

Abergwesyn

ddaear dan draed ein nawddsant er mwyn i'r dorf enfawr gael ei weld a'i glywed yn pregethu, a bod eglwys yn sefyll ar yr union fryncyn honedig hwnnw hyd heddiw. O naci. Daeth y lle bach diarffordd hwn yn enwog oherwydd i rwdlyn blonegog ffuglenol mewn trowsus tindynn fynnu ar y gyfres deledu wirion *Little Britain* mai fo oedd yr unig ddyn hoyw yn y pentref. Rhyfedd o fyd. Gwnewch y pethau bychain ac fe ddaw pob math o drysor ar draws eich llwybr.

Does dim amdani ond cymryd y ffordd arall dros lethrau'r Drygarn Fawr ac erwau gweigion Comin Abergwesyn. Dyma un o ffyrdd cefn gwlad clasurol Cymru – un o hen ffyrdd y porthmyn, sy'n croesi erwau ac erwau o dir mawnog, corsiog, wedi'u britho â choedwigoedd pinwydd. Cymaint ag 16,499 erw, a bod yn fanwl gywir. Mae'n debyg nad oes modd bod mewn unrhyw le mwy anial yn y wlad 'ma i gyd, ac mae'r rhan helaethaf o'r boblogaeth wedi hen godi pac a'i heglu hi am wareiddiad. Neu i Dregaron, ella.

Mae'r ffordd yn gul a throellog rhwng fama a Llanwrtyd, ac yn hynod serth mewn mannau, efo sawl dibyn dychrynllyd yn ymddangos fel bwgan wrth eich ochr bob hyn a hyn i gadw'r adrenalin yn llifo. Nid bod hynny'n amharu ar un lori anferthol sy'n arwain y ffordd yn hynod hyderus, heb boeni'r un iot nad ydi'r lôn drol hon ddim cweit ddigon llydan iddi, na bod nifer o'r pontydd yn ymddangos yn sigledig o simsan. Dwi'n ddiolchgar mai'r tu ôl i'r lori ydw i, ac nid yn teithio i'w chwfwr.

Mae'r aer yn glir yma, a'r mynyddoedd yn edrych yn ddigon agos i'w cyffwrdd. Taeraf fy mod yn gweld plu'r adar ysglyfaethus sy'n hofran uwchben yn cael eu cribo'n lân gan yr awel. Mae bron fel gwylio ffilm 3D. Mae teimlad cryf o fod yn hynod o agos at natur yma, ac mae'r afon ar waelod y cwm draw fan acw'n llifo'n ddu fel Guinness yn sgil effaith y mawn.

Teimlad cryf arall sy'n cydio yn rhywun ydi nad fama fasa'r lle hwylusaf i dorri i lawr ynddo, neu i redeg allan o betrol. Mae cip sydyn ar y cloc tanwydd yn lleddfu'r pryder hwnnw. Ond gallaf ddychmygu'r alwad ffôn i'r RAC rŵan:

'So, how do you spell Twll Din Byd, sir?'

Ymhen hir a hwyr, ac wedi rhai milltiroedd o deithio trwy ddim byd o gwbl, daw adeilad hirsgwar, gwyn yn

Capel Soar-y-mynydd

sefyll ar graig uwchben nant fechan fyrlymus i'r golwg. Dyma gapel Soar-y-mynydd, mewn ardal a esgorodd ar sawl diwygiad crefyddol – llecyn sy'n denu llond bysiau o bobol hyd heddiw ar bererindod. Yn sicr, mae'r adeilad yn cadw at y traddodiad anghydffurfiol o gael popeth yn syml a diaddurn ond mae rhyw hud go iawn yn perthyn i hwn. Digon garw ydi'r clwt o dir sy'n gweithredu fel maes parcio, a rhychau olwynion rhyw fws trymlwythog i'w gweld yn amlwg yn y llaid. Digon amrwd hefyd ydi'r llwybr at ddrws y capel, a godwyd yn 1822 ac a fu'n gweithredu fel ysgol yn ogystal hyd at y pedwardegau.

Mae'n wyrthiol fod y lle wedi goroesi pan fo capeli mewn llefydd llawer mwy poblog bellach yn dai, yn siopau neu hyd yn oed yn dafarndai. Mae 'na ryw ruddin yn perthyn i'r hyn sy'n weddill o bobol y bryniau: dydyn nhw ddim am ildio'u traddodiadau ar chwarae bach. Un o'r rheiny oedd y diweddar drysorydd, John Hughes Williams, hen lanc a amaethai fferm Brynambor draw dros y bryniau fan'cw. Arferai farchogaeth yma yn ei ddillad dydd Sul gorau – siwt, tei a'r cyfan. Hynny ydi, hyd nes iddo gael ei gipio o'r byd yma mewn digwyddiad brawychus yn 1983 sy'n dal i fferru gwaed y sawl oedd yn ei nabod.

Cafodd ei ladd gan bum ergyd dryll wrth iddo ddychwelyd i'w gartref unig un noson dywyll ym mis Ionawr y flwyddyn honno, ar ôl bod yn mwynhau peint neu ddau yn Llanddewibrefi. Roedd y llofrudd, Richard Anthony Gambrell, yn disgwyl amdano yn ei lofft, ac wedi'i ladd efo dryll dwbl baril roedd o wedi'i ddwyn o Frynambor chwe blynedd cyn hynny. Ar ôl bod ar ffo am beth amser, cafodd Gambrell ei ddal a'i ddedfrydu i garchar am oes. Ond collodd y capel a'r fro gymeriad a chymwynaswr mawr ei barch, fel y tystiodd y mil a mwy o alarwyr a heidiodd i'w angladd, yr AS lleol Geraint Howells yn eu plith.

Mi fasa John Williams wedi bod yn falch o wybod bod ei gapel yn dal ar agor flynyddoedd yn ddiweddarach, a bellach wedi ennill ei blwy fel rhyw atyniad twristaidd diwinyddol. Mae arwydd yn y ffenest yn cyhoeddi'r rhestr o bregethwyr fydd yn denu tân a brwmstan yno dros y misoedd nesaf: pobol fel D. Ben Rees, Lerpwl; Dafydd Iwan o Gaeathro, a'r Parchedig Emlyn Richards o bellafion gogleddol Ynys Môn. Mae cael gwahoddiad i

Y pulpud yn Soar-y-mynydd

Soar-y-mynydd yn amlwg yn werth clamp o seren aur ar CV unrhyw bregethwr gwerth ei halen.

Mae'r drws yn agor yn hawdd wrth ei wthio, ac mae 'na saer coed y tu mewn yn mesur rhai o'r ffenestri er mwyn cael gosod rhai newydd, gan fod fframiau'r hen rai wedi pydru yn yr hin arw yma. Ffenestri hynod blaen ydyn nhw ond ag ambell chwarel goch a glas yn y corneli'n cynnig y mymryn lleiaf o liw i'r olygfa biwritanaidd. Mae'r capel yn syndod o fychan, er mewn cyflwr digon taclus, a thebyg bod llond bws o addolwyr yn gorfod closio at ei gilydd fel cyfeillion mwy na mynwesol er mwyn cael lle i osod eu penolau.

Mae'r llyfr ymwelwyr yn dangos i bobol o bell ac agos ymweld â'r lle – o Awstralia, yr Almaen, De Affrica,

158

Caerfyrddin, Rhydaman a Birmingham. Ychwanegaf fy enw i atynt.

Does fawr i'w weld yma, mewn gwirionedd, ond eto mae 'na ryw atyniad. Am ei fod o'n wahanol, mae'n debyg. Mae pobol yn gwerthfawrogi unrhyw beth sy'n herio'r drefn.

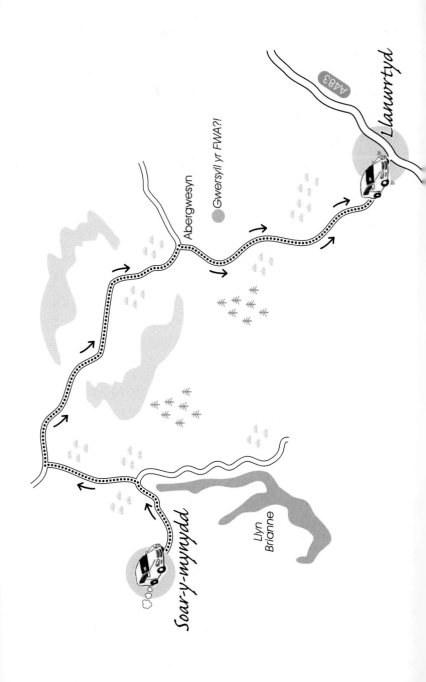

12

Abergwesyn a Llanwrtyd

Anialdir llwm a llaith ydi Comin Abergwesyn, lle mae cen a mwsog yn gorchuddio popeth sy'n sefyll yn llonydd am fwy na phum munud. Does ryfedd i'r SAS a phobol debyg ddefnyddio'r ardal fel maes hyfforddiant ar gyfer rhyfela mewn amgylcheddau anodd.

Nid nhw ydi'r unig filwyr fu'n gysylltiedig â'r fan yma. Bu byddin arall hefyd yn trampio drwy'r corsydd hyn, byddin oedd â'i bryd ar roi clec i'r Goron o dan ei gên yn hytrach na'i gwasanaethu. I unrhyw un sy'n ymddiddori yng ngwleidyddiaeth Cymru yn chwedegau'r ganrif ddiwethaf, mae'n amhosib crybwyll enw Abergwesyn heb i luniau du a gwyn o aelodau Byddin Rhyddid Cymru yn eu gwersyll ymarfer enwog fflachio trwy'r cof. Cafodd y

Comin Abergwesyn

gwersyll hwnnw ei drefnu er mwyn gweld pa mor abl oedd yr FWA mewn gwirionedd i amharu ar y trefniadau dadleuol i arwisgo mab hynaf Mrs Windsor â'r teitl Tywysog Cymru yng Nghastell Caernarfon. Cafwyd nhw'n ddifrifol ddiffygiol, o leiaf yn y gwersyll yma – nid eu bod nhw erioed wedi bod ag unrhyw fwriad gwirioneddol i geisio ymateb yn filwrol.

Roedd eu harweinydd carismataidd Cayo Evans, bridiwr ceffylau a chynnyrch ysgol fonedd Millfield yng Ngwlad yr Haf, yn ddigon hirben i sylweddoli na ddeuai llwyddiant o herio holl rym milwrol y wladwriaeth. Yn sicr ddigon, nid efo'r arfau o oes yr arth a'r blaidd oedd yn eu meddiant, a'r rhwd haearn yn aml yn pwyso mwy na'r cetris a'r bwledi. Cyfaddefodd Cayo yn ddiweddarach y basa unrhyw amgueddfa werin wedi derbyn eu casgliad o arfau efo breichiau agored. Do, cafwyd ffrwydradau; ymosodwyd ar adeiladau'r llywodraeth a phibelli'n cludo dŵr i Loegr, a chafodd dau Gymro ifanc eu lladd gan eu bom eu hunain yn Abergele. Ond gweithredoedd carfannau eraill, pobol fel Mudiad Amddiffyn Cymru, oedd y rheiny.

Creu ansicrwydd trwy hau propaganda oedd bwriad yr FWA, llawer ohono dros ben llestri'n llwyr. Cafwyd honiadau fod ganddynt awyren, arfau niwclear a chŵn wedi'u hyfforddi'n arbennig i gludo ffrwydron mewn ymosodiadau hunanladdol. Roedd hyd yn oed yr RSPCA wedi llyncu honno, ac o'u co' ynglŷn â'r peth. Ond roedd o'n fwriad pendant ganddyn nhw i geisio amharu ar yr arwisgiad yng Nghaernarfon mewn rhyw fodd.

Y ffordd i ble?!

Trafodwyd gosod bomiau mwg yma ac acw i godi ofn, taflu tatws at y Windsors (math King Edward, mae'n debyg), a hyd yn oed rowlio marblis o dan garnau'r ceffylau yn yr osgordd yn y gobaith o'u cael i ddisgyn i'r llawr. Does ryfedd bod yr RSPCA am eu gwaed.

Eu Beibl oedd *Total Resistance*, cyfieithiad o *Der Totale Widerstand* gan yr Uwch-gapten Hans von Dach. Roedd yn egluro sut y gallai dinasyddion cyffredin y Swistir, lle nad oes byddin ffurfiol, wrthwynebu ymosodiad ar eu gwlad gan luoedd estron drwy ddulliau herwryfela. Benthyciwyd y llyfr o lyfrgell Pen-y-bont ar Ogwr. Sgwn i gafodd o ei ddychwelyd yn y dirgel, ynteu oes miloedd o bunnau mewn dirwyon wedi pentyrru ar gerdyn llyfrgell yr FWA?

Daeth eu harwydd – Eryr Gwyn Eryri – yn olygfa gyfarwydd ar bontydd a waliau ledled Cymru, er mae'n debyg mai eu dilynwyr ar yr ymylon (gweriniaethwyr Guinness, fel y câi pobol debyg eu disgrifio yn Iwerddon) fu wrthi efo'r paent, gan amlaf ar ôl boliad o gwrw Allbright.

Cafodd aelodau o'r fyddin 'gudd' hon eu gorchymyn gan Cayo i ymgynnull yn Abergwesyn un penwythnos ddiwedd Awst 1968 ar gyfer ymarferiadau milwrol. Cludwyd pentwr o arfau hynafiaethol i ysgubor yno ar gyfer yr ymarferiadau. Mewn llythyr nodweddiadol o orddramatig, cyfarwyddwyd y 'gwirfoddolwyr' i ddechrau cerdded fesul un tuag at Abergwesyn o Lanwrtyd. Byddai gyrrwr yn dod tuag atynt ac yn holi sut i fynd i Abaty

Cwm-hir, ac roeddent hwythau i fod i ymateb: 'Llywelyn, gorwedd mewn hedd'.

Wrth gwrs, fel oedd yn anorfod efo byddin oedd yn crefu am gyhoeddusrwydd, a'r aelodau hyd yn oed wedi cael eu holi ar raglen deledu David Frost, roedd yr heddlu cudd yn llwyr ymwybodol o'u cynlluniau. Trodd y cyfan yn rhywbeth oedd yn ymdebygu i ffilm ddi-sain *Keystone Kops* wrth i Cayo – oedd yn ddigon cyfarwydd â'r ardal ac wedi'i harchwilio ymlaen llaw ar gefn ei geffyl – benderfynu symud ei ddynion ymhellach i mewn i'r goedwig.

Cychwynnodd fflyd o amrywiol gerbydau a lorïau'r FWA dros y mynydd ar hyd lôn drol, heibio fferm o'r enw Nant Stalwyn. Roedd fflyd arall o gerbydau'r heddlu cudd, os cudd hefyd, yn eu dilyn. Daeth y lôn i ben yn ddisymwth, wedi'i golchi i ffwrdd, ond llwyddodd dynion yr FWA – tua 60 ohonyn nhw, os oedd amcangyfrif y Comandant Evans i'w gredu – i wthio'u cerbydau i fyny'r llethr at drac coedwig.

Methodd yr heddlu â'u dilyn gan nad oedd ganddyn nhw ddigon o ddynion i wthio'u cerbydau nhw yn yr un modd, a diflannodd y gwrthryfelwyr dros y gorwel. Taniwyd ambell ergyd i'r awyr mewn gorfoledd ac er mwyn gwylltio'r plismyn. Wel, dyna oedd fersiwn arch-bropagandwyr y digwyddiad, o leiaf. Ac mae hi'n ddigon difyr i haeddu cael ei chredu.

Mae'n hawdd collfarnu'r FWA fel ffyliaid, ac roedd llawer yn fodlon iawn gwneud hynny. Ond, flynyddoedd yn ddiweddarach, dywedodd y diweddar Dennis Coslett, dirprwy Cayo Evans, wrtha i mewn cyfweliad: 'Ein nod ni oedd, nid gorfodi'r awdurdodau i ohirio'r arwisgo – doedd hynny byth yn mynd i ddigwydd – ond eu gorfodi i gynnal yr holl sbloets ddim ond trwy ddefnyddio cannoedd o filwyr a phlismyn i gadw trefn. Ac fe gafodd y ffars ei chynnal yng nghysgod y gwn. Yn hynny o beth, roedden ni wedi dangos 'bach o wrthwynebiad y Cymry i'r holl beth. Rwy'n ystyried hynny'n llwyddiant.'

Anfonodd ataf gopi wedi'i arwyddo o lyfr o'i farddoniaeth a'i areithiau, *Rebel Heart*, ac mae hwnnw wedi'i gadw'n ddiogel gen i. Os oedden nhw'n ddim byd arall, roedd dynion yr FWA yn bobol hynod o liwgar oedd yn fodlon ceisio gwireddu breuddwydion. Mae pobol felly i'w trysori. Ac wrth sefyll ar ochr y ffordd gul fan hyn yn unigeddau Abergwesyn, ai crawcian brân glywais i rŵan yn atseinio o graig i graig, ynteu Cayo, a fu farw yn 1995, a Coslett yn arthio cyfarwyddiadau ar eu dynion?

Llwyddodd tref Llanwrtyd wastad i ddenu breuddwydwyr a phobol oedd am fod yn wahanol, a doedd ryfedd yn y byd i Cayo Evans deimlo mor gartrefol ynddi. Gan ymhyfrydu yn ei theitl hunanfabwysiedig o dref leiaf Cymru, daeth – ac fe ddaw hyd heddiw – pob math o bobol yma i fyw'r bywyd gwahanol. Yma, er enghraifft, y cafodd y gân efo'r geiriau mwyaf hurt yn y byd ei hysgrifennu. Wir i chi. Yn hen siop Britannia y cyfansoddwyd 'Sosban Fach' gan Talog Williams a'r Parchedig D. M. Davies, yn ystod ymweliad â'r dref. A chwt eu cryse mas, mae'n debyg.

Llanwrtyd

Wrth gyrraedd Llanwrtyd, ac ar ôl edmygu'r cerflun trawiadol o farcud coch yn y sgwâr, sylwaf ar hen siop sy'n cael ei defnyddio fel swyddfa ar gyfer Gêmau Byd Arallddewisol Cymru. Dydi o ddim yn deitl oedd yn golygu llawer i mi cyn hyn, mae'n rhaid cyfaddef. Rhyw drosiad clogyrnogaidd o wefan gyfieithu, mae'n debyg. Ond mae'r gêmau'n cynnwys campau fel rasio cadair am yn ôl, pencampwriaeth rhwyfo twb molchi, marathon beiciau mynydd, cystadleuaeth enwog lle mae rhywun yn nofio ar hyd ffos mewn cors, a ras gario'ch gwraig. Alla i ddim dychmygu Misus Parri 'cw'n cytuno i gymryd rhan yn honna, na finna'n benthyca gwraig rhywun arall ar gyfer yr orchwyl. O ran y gweddill, teimlaf efallai fod fy nyddiau gorau ar gyfer y fath orchestion wedi hen basio. Felly hefyd y ras redeg dyn-yn-erbyn-ceffyl a gynhelir yma'n flynyddol. Penderfynaf droi at gamp lawer mwy cyfarwydd, ac un dwi'n hen law arni. Troaf fy ngolygon at y dafarn.

168

Canolbwynt y dref i lawer ydi gwesty'r Neuadd Arms, a buan iawn y llwydda i'm denu i'w chôl, er bod sawl tafarn arall yma'n gwneud bywoliaeth yn ogystal. Yn gorwedd yn ddioglyd yn yr haul gwantan wrth y byrddau'r tu allan i'r gwesty mae criw o feicwyr blewog mewn dillad lledr. Nid rhyw Angylion Uffern dychrynllyd o betha, dalltwch, ond criw go aeddfed – hen, hyd yn oed – o ddynion a merched a ddylai wybod bod dillad tyn fel'na'n edrych yn well ar gyrff ifanc. Neidia llun erchyll o'r merched danheddog mewn jodpyrs yn Llanelian-yn-Rhos i flaen fy meddwl, a chrynaf mewn ffieidd-dod. Does dim callio ar rai pobol, hyd yn oed wrth i'r blynyddoedd garlamu mlaen.

Mae casgliad o feiciau modur wedi'u parcio blith draphlith o'u hamgylch mewn cwmwl o fwg baco rhydd, yn cynnwys nifer o beiriannau sydd cyn hyned â'u perchnogion, bron. Sylwaf ar BMW, Yamaha, Bonneville, Ariel a Vincent. Yma hefyd mae un beic efo seidcar, tebyg i hwnnw'r arferai George fynd â'i wraig hynod anfoddog ynddo yn yr hen gyfres deledu *George and Mildred*. Dychmygais eto beth fasa adwaith Misus Parri i wahoddiad i blannu'i phen-ôl ar sedd dreuliedig hwn. Ia, dwi'n gwybod, negyddol. Negyddol iawn. O naaa, nid y llofft sbâr eto. Deallaf wedyn yn y bar fod y beicwyr yma ar gyfer rhyw rali neu'i gilydd, ac wedi llogi bron y cyfan o ystafelloedd y Neuadd Arms.

Y gwesty yma hefyd ydi lleoliad bragdy'r Heart of Wales, ac mae'n rhaid rhoi cynnig ar beth o'u cynnyrch, fel mae rhywun yn rhwym o'i wneud, petai ond er mwyn

Y beicwyr wrth y Neuadd Arms

bod yn gwrtais. Archebaf hanner o rywbeth du o'r enw Welsh Black, a'i gael braidd yn gynnes ac fel tasa fo wedi bod yn mwydo yn y beipen ers peth amser. Llowciaf o fel dos o asiffeta, a phenderfynu rhoi cynnig ar ryw seidr o'r enw CJs o bwmp llaw.

Mae siffrwd o chwerthin yn torri trwy'r criw wrth y bar, nifer ohonyn nhw wedi'u gwisgo mewn capiau llipa ac oferôls fel petaen nhw'n egstras o'r ffilm *Deliverance*. Taeraf i mi glywed banjo'n cael ei chwarae yn rhywle. Mynna un eu bod nhw'n rhoi Brasso yn y seidr, ac yn wir mae ei liw yn gwneud yr honiad yn un hawdd ei gredu. Mae'n gorwedd rywle rhwng coch, brown a phorffor-*methylated spirit*, ond i mi mae ei flas yn dderbyniol iawn.

Setlaf wrth fwrdd bychan efo copi o'r *Brecon Times*, a chael ar ddeall mai'r stori fawr yn lleol oedd ffrae ynghylch a ddylai'r ceffylau yn y ras dyn-yn-erbyn-ceffyl gael eu pedoli ai peidio. Nid rhyw lol ddibwys am economi'r byd yn chwalu o gwmpas ein clustiau, felly. Llawer gwell fasa pedoli'r bodau dynol, meddyliais, cyn tynnu rhagor o enamel o nannedd efo llymaid arall o'r Brasso.

Yn ochr bella'r stafell mae cwpwl o Americanwyr lond eu crwyn – dychmygaf mai Elmer a Betty oedd eu henwau – yn eistedd wrth fwrdd ac yn mynd trwy'r fwydlen efo crib mân. Mae Elmer, fu am beth amser yn pysgota i fyny'i ffroen efo hances boced mor fawr â phlanced gwely, am wybod pa mor boeth ydi'r Welsh Dragon Curry. Ceisia'r ferch sy'n gweini ddarganfod pa mor boeth mae Elmer yn *gobeithio* fasa'r cyrri, cyn cadarnhau'n syth mai dyna'n union ei boethder. Dydi hi ddim yn trafferthu i egluro nad cig draig fydd yn y cyrri. Yn ddistaw bach, cymeradwyaf ei hymdrechion i'r entrychion. Mae Elmer yn rhoi'r gorau i'r daith antur i fyny'i ffroenau, ac yn gwthio'r hances yn ôl i'r boced sy'n fflapio'n agored dan gylch o floneg. Yn amlwg, nid yn fan'na mae o'n cadw'i fanjo, meddyliais, efo peth rhyddhad. Ond daw ochenaid o siom o gyfeiriad y bar, a nhwytha bellach yn barod am ddeuawd.

Er nad yn fetropolis o bell ffordd, efo poblogaeth o ryw 600, tyfodd Llanwrtyd i'w maint presennol o rywbeth hyd yn oed yn llai wrth i boblogrwydd y ffynhonnau iachaol yn yr ardal gynyddu yn y 18fed a'r 19eg ganrif. Yr enw gwreiddiol ar y lle oedd Pont-rhyd-y-fferau, ond maes o law trodd yn Llanwrtyd Wells crachlyd wrth i'r Fictoriaid heidio yma 'i gymryd y dyfroedd'.

Ond bu pobol yn dod yma ers ymhell cyn hynny, byth ers i'r Parchedig Theophilus Evans sylweddoli gwerth y dyfroedd ym Mharc Dôl-y-coed 'nôl cyn gynhared â 1732. Roedd yn dioddef o'r llwg, neu *scurvy*, a phan sylwodd ar lyffant neu froga hynod iach yr olwg oedd yn byw yn nyfroedd drewllyd y ffynnon yno, penderfynodd roi cynnig ar wella'i hun. Bu'n yfed y dŵr er gwaetha'r arogl brwmstan diawledig oedd arno, ac mi wellodd o'i gyflwr. Heidiodd y tyrfaoedd yno wrth i'r stori fynd ar led. Mi fasa'r Evans arall hwnnw – Cayo – wedi gwerthfawrogi galluoedd y parchedig ŵr i greu a dosrannu propaganda'n effeithiol.

Serch hynny, bu'r Parchedig Kilsby Jones yn taranu o'i bulpud yn 1850 am 'ddiffyg mentergarwch y Cymry i ddatblygu'r ardal'. Ganrif a hanner a mwy yn ddiweddarach, does dim byd wedi newid. Yn nwylo estron mae nifer o'r busnesau godro ymwelwyr. Bu cysylltu'r dref â'r rhwydwaith rheilffyrdd yn 1868 yn hwb sylweddol pellach i'r diwydiant, a chodwyd gwestyau mawrion yn yr ardal i ddelio â'r mewnlif.

Ond daeth tro ar fyd, a bu gostyngiad yn y niferoedd wrth i bobol gallio a rhoi eu ffydd yn fwy mewn meddyginiaethau cyfoes nag mewn rhyw goelion gwrach. Caeodd yr olaf o'r pedair ffynnon yn ystod y pumdegau, er bod cynlluniau ar y gweill i adfer yr un yn Nôl-y-coed a ddaeth â'r lle i sylw'r byd gyntaf oll. Mater arall, wrth gwrs, ydi a fydd cenhedlaeth a fagwyd ar ddiodydd siwgr a sos coch yn fodlon llyncu hylif sy'n ogleuo fel llawr cwt jiráff. Heb sôn am flasu felly hefyd.

Gwell i mi aros efo'r seidr a'r Brasso, dwi'n credu.

Arhoswch eiliad, bois, i mi gael tiwnio'r banjo.

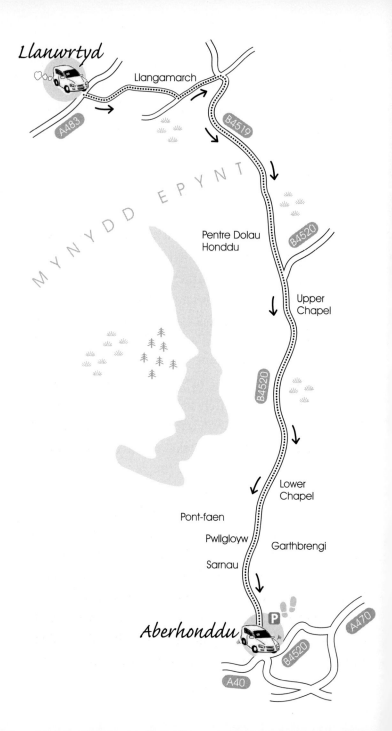

13

Mynydd Epynt

Wrth yrru ar hyd y ffyrdd sy'n croesi gweundir niwlog Mynydd Epynt, daw adeilad unig yn crefu am gwmpeini dynol i'r golwg trwy'r tarth. Mae'n edrych fel drychiolaeth, ei ffenestri'n llefain yn drist a'i ddrysau'n glep ynghau, pob cynhesrwydd wedi hen farw ar ei aelwyd.

Dyma'r Drovers Arms, fu gynt yn ganolfan i gymdeithas amaethyddol glòs, hyd nes i'r bobol gael eu hel o'u cartrefi 'nôl yn 1940 wrth i'r rhyfel oedd wedi tanio ar y Cyfandir daflu'i gysgodion dros y fan hyn llawn cymaint â thros bobman arall. Mae'r adeilad yn ymddangos mewn cyflwr rhyfeddol, o ystyried faint o amser sydd wedi mynd heibio ers i'r gloch ganu am y tro olaf. Mae hyd yn oed y paent ar yr arwydd cyn iached â chroen morwyn

Mynydd Epynt

fferm. Ond wrth graffu'n fanylach, nid manylion bragdy sydd mewn print mân o dan yr enw. Gwelaf fod yr adeilad bellach ym mherchnogaeth y Weinyddiaeth Amddiffyn – neu'r Weinyddiaeth Ymosod, a rhoi iddi'i henw cywirach. Mae bron bopeth yn y parthau hyn ym mherchnogaeth y Weinyddiaeth, o'r ffyrdd a'r adeiladau i'r tir ei hun. Dim ond trwy ganiatâd rhyw fandarin di-glem yn Lloegr y mae hawl gan Gymro neu Gymraes i ymweld â'r rhan hon o'i wlad neu ei gwlad.

Mae'r baneri coch sy'n cyhwfan yn y gwynt ym mhobman yn eich rhybuddio rhag crwydro oddi ar lwybrau cydnabyddedig, rhag ofn i chi gael eich chwythu'n yfflon mewn ymarferiadau milwrol. Mae rhwystrau coch a gwyn yn atal gyrwyr rhag mentro ar hyd ffyrdd lle nad oes croeso iddynt.

Na, does yn sicr ddim croeso mwyach yn y Drovers Arms – neu Ty'n y Mynydd, a rhoi iddo'i enw gwreiddiol – er i'r lle gael ei adnewyddu'n llwyr yn 1994 ar gyfer ei ddefnyddio fel llety gan filwyr ar ymarferiadau. Mae ambiwlans milwrol wedi'i pharcio wrth ochr y dafarn, a chroes goch ar gefndir gwyn yn pefrio'n llachar o gorff caci'r cerbyd. Ond does neb i'w weld, na smic i'w glywed yn unman, ar wahân i'r gwynt yn chwibanu trwy'r brwyn.

Magwyd un ar ddeg o blant yma yn yr hen dafarn gan Thomas a Caroline Evans, a gymerodd y denantiaeth yn y 1880au. Bu Caroline yma hyd nes i'r lle gau, a hithau'n 87 oed, er i'w gŵr farw yn 1917. Mae hanes brith i'w cyfnod nhw wrth y llyw. Arferai Caroline gloi ei gŵr yn y cwtsh dan staer pan oedd wedi cael gormod i'w yfed.

Roedd ei horiau agor yn enwog o hyblyg, ond un tro aed â hi o flaen ei gwell ar ôl i blismon ei dal yn gwerthu diod feddwol ar ôl amser. Mawr fu'r dwrdio o fainc yr ynadon. Ond nid y dafarnwraig oedd dan y lach: cafodd y plismon ei feirniadu'n hallt am ei weithred, gyda'r ynadon yn mynnu bod Mrs Evans yn darparu gwasanaeth angenrheidiol. A dyna un plismon plod druan yn mynd yn ei ôl am y rheinws â'i bastwn rhwng ei goesau.

Dywedir yr arferai plant yr ardal ffendio'u ffordd trwy'r niwl a daenai ei oerfel dros y mynydd yn amlach na pheidio, i'r ysgol ym Maesmynys bedair milltir i ffwrdd trwy ddilyn llwybrau oedd wedi'u marcio gan lestri wedi'u torri. Mae'n debyg fod darnau bach o lestri'n dal i gael eu darganfod hwnt ac yma ar y waun.

Prin fod hanes trist pobol Epynt wedi cael chwarter y sylw a gafodd y glanhau ethnig a ddigwyddodd yng Nghwm Tryweryn, na hyd yn oed yn Llanwddyn, ond roedd o'r un mor ddirdynnol. Ym mis Mawrth 1940, dim ond chwe wythnos o rybudd a gafodd y 54 o deuluoedd, cyfanswm o 219 o oedolion a phlant, fod yn rhaid iddyn nhw ildio'u tir, eu cartrefi, eu bywoliaeth, yr ysgol, y capel, eu cymuned a'u ffordd o fyw. Roedd y Weinyddiaeth am greu maes ymarfer milwrol anferthol ar y mynydd.

Yn ei lyfr am hanes y clirio, *Mae'n Ddiwedd y Byd Yma: Mynydd Epynt a'r Troad Allan yn 1940*, mae'r awdur Herbert Hughes yn cyfeirio at gywirdeb Cymraeg y trigolion. Epynt oedd un o gadarnleoedd olaf yr iaith yn Sir Frycheiniog, ac o'i ddiddymu mae'r hanesydd Dr John

Davies yn ystyried i'r ffin ieithyddol gael ei symud ddeng milltir i'r gorllewin bron dros nos.

Tybed beth fasa John Penry, a fagwyd yng Nghefn-brith ger Llangamarch, ar lethrau gogleddol Epynt, wedi'i wneud o'r sefyllfa? Roedd yn un o'r ysgogwyr pennaf dros gyfieithu'r Beibl i'r Gymraeg, ac yn ymgyrchydd brwd dros hawliau'r Cymry i addoli yn y modd ac yn yr iaith roedden nhw'n dymuno. Chafodd ei ymdrechion mo'u gwerthfawrogi ryw lawer yng nghoridorau grym Llundain, lle roedden nhw am i bawb lynu at y ffydd yn ôl credo Eglwys Loegr. Doedd anghydffurfiaeth ronc John Penry'n tycio dim. Yn 1593 cafodd ei grogi am ei drafferth. Hen ddiawliaid crintachlyd.

Mae'n ymddangos i'r awdurdodau ystyried meddiannu Epynt cyn belled yn ôl ag 1912, wrth i bryderon am y Rhyfel Mawr ddechrau byrlymu i'r wyneb. Aethpwyd ddim ymlaen efo'r syniad bryd hynny, ond roedd yr hedyn wedi'i blannu. Pan ddaeth llythyr i bob cartref ym mis Mawrth 1940, hysbyswyd y gymuned fod yn rhaid iddyn nhw adael erbyn y dydd olaf o Ebrill. Talwyd iawndal am eu heiddo, hyd yn oed am wrtaith y bu'n rhaid ei adael ar ôl, a chynigiwyd dwy flynedd o rent am yr 'anhwylustod'. Chawson nhw ddim unrhyw gymorth i ddod o hyd i gartref arall, na gwaith, nac ysgol i'r plant. Dangoswyd y drws i bawb yn ddiseremoni, heb ronyn o gydymdeimlad. A chafodd y bugeiliaid oedd yn byw ac yn gweithio yno, ond heb eiddo i'w henw, yr un ddimai goch o iawndal am golli eu bywoliaeth.

Ym mis Mehefin 1940 anfonwyd yr hanesydd gwerin Dr Iorwerth Peate i'r ardal gan yr Amgueddfa Genedlaethol i gofnodi marwolaeth y gymuned. Ar ei ymweliad olaf un, daeth ar draws teulu Hirllwyn wrth iddyn nhw symud hynny a allen nhw o'u heiddo ar gefn trol. Cofnododd sut y bu iddo gyfarfod â dynes 82 mlwydd oed oedd yn eistedd ar gadair ar fuarth fferm a'r dagrau'n llifo i lawr ei gruddiau. Cynghorodd hi'r Dr Peate i fynd yn ei ôl i Gaerdydd cyn gynted ag y gallai, gan fynnu, 'Mae'n ddiwedd y byd yma.'

Ceisiodd rhai cyn-drigolion gadw peth cysylltiad ag Epynt, yn y gobaith nid afresymol y caent ddychwelyd i'w cartrefi ar ôl y rhyfel. Ychydig feddylien nhw y basa'r ardal yn dal yn nwylo'r lluoedd arfog saith degawd yn ddiweddarach. Arferai Thomas Morgan ddychwelyd i'w gartref yng Nglandŵr i gynnau tân er mwyn ceisio cadw'r tŷ rhag mynd yn llaith, ond pan gyrhaeddodd un diwrnod roedd y tŷ wedi'i chwythu i fyny a chafodd ei rybuddio gan swyddog milwrol trwynsur i beidio â dod ar gyfyl y lle byth eto.

Ond er i'r driniaeth a gawson nhw suro'r trigolion yn naturiol ddigon, eto fyth roedd rhyfel erchyll yn digwydd ar draws Ewrop. Goleuid yr awyr ambell noson gan ymosodiadau'r Luftwaffe ar Abertawe, a gwyddai'r rhai oedd ar ôl yn yr ardal fod yn rhaid iddyn nhw wneud eu rhan. Aed ati i greu platŵn o'r Gwirfoddolwyr Amddiffyn Lleol, neu'r Hôm Gârd fel daethon nhw i gael eu hadnabod maes o law. Roedd y cyferbyniad efo criw ffuglenol Walmington-on-Sea yn y gyfres deledu fytholwyrdd *Dad's Army* yn un hynod drawiadol. Roedd arfau pobl yr Epynt yn gyntefig ar y naw, yn amrywio o ddrylliau hela rhydlyd i bicffyrch.

Ond mi oedd ganddyn nhw'u fersiwn eu hunain o'r Capten Mainwaring hunanbwysig ym mherson un Uwch-gapten Dickinson o Glanhonddu Lodge. Penodwyd John Williams o Dal-y-waun yn rhingyll ac Archie Evans o Gwmhegir yn gorporal. Y gred gyffredinol yn y rhengoedd oedd iddyn nhw dderbyn y swyddi hyn, nid am feddu rhyw grebwyll arbennig o faterion milwrol, ond oherwydd eu bod yn berchen ar geir tra oedd pawb arall prin yn gallu cael gafael ar feic.

Pan fyddai ymarferion dril ar y cyd â phlatwnau eraill yn cael eu cynnal yn Aberhonddu o flaen pwysigion mwstasiog y fyddin, byddai Dickinson yn gorchymyn i'r rhai hynaf a mwyaf musgrell – ar wahân iddo fo'i hun, werth reswm – guddio mewn lorïau yn hytrach na chyfaddef eu diffygion.

Doedd neb yn amau nad oedd yr Almaenwyr yn llwyr ymwybodol o bwysigrwydd Epynt fel maes hyfforddi, ond ar adegau roedd yr ardal yn wag o filwyr proffesiynol ac yn hollol agored i'r gelyn barasiwtio'u dynion i mewn a goresgyn y lle. Gwaith yr Hôm Gârd oedd atal hyn. Pe bai'r Wehrmacht wedi sylweddoli hynny, mae'n debyg y basa'r Saesneg oedd newydd ddisodli'r Gymraeg fel iaith fyw ar Epynt wedi cael ei disodli ei hun gan ei chyfnither ieithyddol.

Gwaith platŵn Capel Uchaf oedd cadw llygad rhag y gelyn, a hynny o gwt a safai rhwng Llwynrhydd a

Chwmowen. Byddai dau o'u plith ar ddyletswydd bob nos, yr amddiffynfa olaf rhag holl rym y Natsïaid. Doedd ganddyn nhw ddim caniatâd i ddefnyddio ffonau arbennig y fyddin, er bod un wedi'i osod ar bolyn yn union y tu allan i'w cwt. Mewn clasur o fwngleriaeth biwrocrataidd a ddyfeisiwyd dros jin a thonic yn rhywle, neu gafodd ei ddwyn o sgript Laurel a Hardy, roeddan nhw'n cael eu hamddifadu o'r unig arf a allai fod o gymorth, sef y gallu i gyfathrebu â'r byd mawr. Efo Aberhonddu, o leiaf.

Y cyfarwyddyd gafon nhw oedd hyn: pe bai awyrennaid neu ddwy o Almaenwyr cryfion yn glanio, roedd un ohonyn nhw i geisio dal y gelyn yn ôl efo'i wn a'r pum bwled oedd wedi'u caniatáu iddo. Yn y cyfamser, roedd y llall i fynd ar garlam ar gefn ei feic, neu hyd yn oed ar droed, i lawr i'r pentref i alw am gymorth, gan weiddi ar bawb i beidio â mynd i banig, debyg. A'r Almaenwyr erbyn hyn yn rholio chwerthin ar y llawr, digon hawdd fasa hi i'r un dyn dewr eu cadw dan reolaeth nes basa cymorth yn cyrraedd, gan eu goglais o dan eu ceseiliau pe bai'r chwerthin yn bygwth dirwyn i ben.

Wel, o'r gorau – fi wnaeth y darn ola 'na i fyny. Ond nid fi ddechreuodd falu awyr. Mae'r gweddill yn hollol wir. Peidiwch, da chi. Mi fasa'r FWA a'u tactegau o dudalennau *Total Resistance* wedi bod gan gwaith yn fwy effeithiol, gan rowlio marblis dan draed yr Almaenwyr, efallai, neu eu pledu efo tatws. 'Ta rowlio tatws dan eu traed a'u pledu efo marblis fasa orau, dwch?

Nid y Drovers Arms ydi'r unig adeilad ag ôl gwario arno ar Epynt. Mae sawl lle wedi'i gynnal a'i gadw ar hyd y blynyddoedd er mwyn rhoi gwedd fwy realistig ar y chwaraeon rhyfel. Yn wir, yn niwedd yr wythdegau, a'r Rhyfel Oer yn ei anterth a chyn i'r Undeb Sofietaidd chwalu, codwyd tref gyfan Almaenig ei naws ar y llethrau yng Nghwm Cilieni. Mae'n cynnwys tai, eglwys, mynwent – y cyfan fasa rhywun yn disgwyl ei weld mewn pentref yn yr Almaen. Roedd y penaethiaid milwrol yn credu mai yno, neu efallai yng Ngwlad Pwyl, eto fyth, y basa unrhyw ymladd ar y llawr â milwyr Sofietaidd yn debygol o ddigwydd.

Heddiw, mae rhyw deimlad o gyfrinachedd afiach yn hofran o amgylch yr holl ardal. Wysg eu tinau mae'r awdurdodau'n caniatáu i'r werin bobol ddod yn agos i'r lle, er gwaethaf eu brolio i'r gwrthwyneb. Mae'n debyg ei fod yn fan addas iawn i rywun sydd ar ffo gael cuddfan ddiogel. Am rai misoedd yn 1992 roedd sïon lu ar led yn lleol fod yr awdur Indiaidd Salman Rushdie yn byw yma, ar ôl iddo orfod diflannu am ei einioes (â'i deulu druan wrth ei gwt) wedi i'r Ayatollah Khomeini o Iran gyhoeddi *fatwah*, dedfryd o farwolaeth, arno. Roedd Rushdie wedi cythruddo'r byd Mwslemaidd trwy ei lyfr *The Satanic Verses*, a'i gyhuddo o ddwyn anfri ar y proffwyd Mohamed. Roedd yr Ayatollah wedi addo miliwn o ddoleri i bwy bynnag fyddai'n ei ladd, er nad eglurwyd erioed pam mai arian yr Americanwyr cas oedd yn cael ei gynnig. Mae'n siŵr fod mwy o afael ar hwnnw nag ar filiwn o rialau

Iranaidd, sy'n werth tua £55 ac a fyddai'n anodd i'w wario yn Tesco.

Y gred tu ôl i lenni crynedig y fro oedd i Rushdie a'i deulu gael eu gwarchod yn Rose Cottage yng Nghapel Uchaf. Sylwodd cymdogion i ffens uchel gael ei chodi o amgylch y tŷ, a bod pob car oedd yn galw yno'n cael ei orchuddio a'i rif cofrestru'n cael ei guddio. Roedd rhai'n honni iddynt weld dyn Asiaidd yr olwg yn yr ardd. Dechreuodd straeon fynd ar led iddo hyd yn oed gael ei weld i lawr y ffordd yn y Pwllgloyw Arms. Hyd yma, methais gadarnhau a oedd hyn yr un pryd ag y cafodd Elvis ei weld yno. Efo'n gilydd rŵan: 'Are you lonesome tonight?'

Er i hen ffermdy Disgwylfa ar ochr y mynydd gael ei addasu'n ganolfan ddehongli, yn anffodus dydi Canolfan Epynt – fel mae'n cael ei galw – ddim ar agor heddiw i mi ymweld â hi. Mae'r Weinyddiaeth Amddiffyn yn hoffi brolio'i bod yn ymrwymedig i weithio tuag at gadwraeth – i warchod pob math o dyfiant, adar, trychfilod, amffibiaid a mamaliaid, ac i 'wneud rhagdybiaeth o blaid mynediad cyhoeddus'. Mae tri Safle o Ddiddordeb Gwyddonol Arbennig wedi'u dynodi oddi mewn i'r tiroedd a feddiannwyd ganddynt, a chofnodwyd 173 o wahanol fathau o goed a phlanhigion. Mae o leiaf 90 rhywogaeth o adar a hanner cant o fathau o ffwng. Credir bod gwiwerod cochion yn byw yma, yn ogystal â minc gwyllt.

Cafodd rasys beicio modur eu cynnal yma yn y gorffennol, a bydd ambell rali geir yn dal i ruo dros y mynydd. Anodd ydi osgoi'r eironi trist. Mae croeso, o fath, i bob math o anifail neu blanhigyn, i geir ac i feiciau modur. Ond fu dim ymdrech i warchod iaith a diwylliant brodorol y mynydd, na hawliau'r bobol i geisio amddiffyn eu ffordd nhw o fyw, a doedd dim unrhyw fwriad o geisio gwneud hynny chwaith. Roedd eu hawliau nhw'n cyfri llai na hawl y mwsog, y broga a gwas y neidr.

Esgusodwch fi – dwi'n teimlo braidd yn sâl.

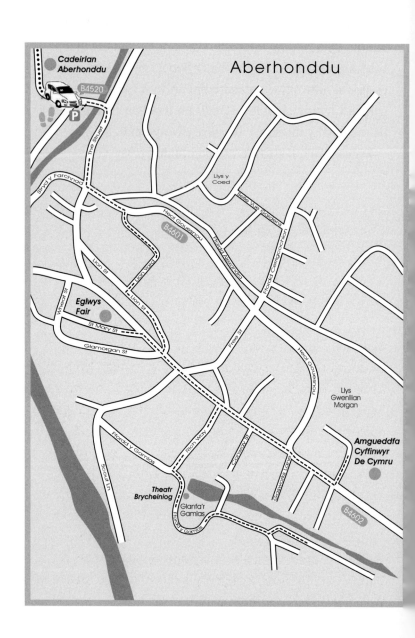

14

Aberhonddu

Mae dyn byr, addfwyn ei wedd a lliw'r olewydd ar ei groen, yn gwenu'n llachar arna i – gwên trwmpedwr *jazz* os bu un erioed – wrth gamu heibio imi ac i mewn i'r banc. Braf ydi derbyn cyfarchiad di-air o'r fath gan ddieithryn llwyr – arferiad sy'n prysur farw o'r tir, gwaetha'r modd, wrth i'n poblogaeth fagu gwreiddiau mwyfwy ddinesig. Dyna pam dwi'n mwynhau ymweld ag ardaloedd fel Caernarfon, gogledd Penfro a Phen Llŷn, sy'n debyg i fannau yng ngorllewin Iwerddon a phellafion Cernyw – mannau lle mae pobol nad oes gynnoch chi'r syniad lleiaf pwy ydyn nhw'n mynnu tynnu sgwrs efo chi. Y Celt naturiol fusneslyd yn byrlymu i'r wyneb, debyg. Wedi'n gwasgu i'r gorllewin.

Nid mai Celt ydi'r dyn yma yng nghanol Aberhonddu sydd newydd ddiflannu i grombil cysgodol swyddfa Mamon o'r haul tila sy'n brwydro am oruchafiaeth dros y cymylau. Does dim raid gofyn ai un o hil Nepal ydi'r dyn – un o'r amrywiol lwythi yng nghanolbarth y wlad sy'n cael eu hadnabod fel y Gurkhas. Rhyw anacroniaeth o oes yr Ymerodraeth nad oedd yr haul byth i fod i fachlud arni ydi'r ffaith fod y gŵr hwn yma ar dir Cymru. Bu milwyr y Gurkha'n brwydro ym myddin Prydain ers y 19eg ganrif, ac mae criw ohonyn nhw wedi'u lleoli yn y barics ar gyrion y dref yma ers tro byd.

Mi fuon nhw'n hynod ddefnyddiol i fyddin Prydain, fel hefyd i fyddin India ar ôl i'r wlad honno ennill ei hannibyniaeth yn 1947, ond prin iawn fu'r parch gwirioneddol tuag atyn nhw. Hyd heddiw, mae hyd yn oed y swyddog uchaf o'u plith yn gorfod ildio i orchmynion unrhyw fath o fân swyddog Prydeinig â'i geg yn llawn o datws poeth. Bu brwydro mawr yn y blynyddoedd diweddar, dan arweiniad yr actores Joanna Lumley, o bawb, i sicrhau eu bod nhw'n derbyn pensiwn cydradd â'r hyn fasa milwr Prydeinig yn ei dderbyn am yr un gwasanaeth. Ac am fentro'u bywydau lawn cymaint â'r lleill.

Mae hanesion lu am ddewrder y milwyr hyn, yn fach o ran cyrff ond yn fawr eu calonnau. Byddai sibrydiad tawel yn eich clust o'r tu ôl ichi'n arwydd pendant ei bod hi ar ben arnoch, cyn i'r gyllell grymanog a miniog draddodiadol dorri i mewn i'ch gwddf. Âi'r gyllell ddim yn ôl i'w gwain heb dynnu gwaed. Llyncais fy mhoer, a diolch mai yn Aberhonddu roeddwn i, nid yng nghanol y jyngl yn rhywle.

Maen nhw'n sicr o fod wedi gadael peth o ddylanwad yr Himalaya ar y dref. Ar un stryd gul, dof ar draws bwyty o'r enw Gurkha Corner, sy'n cynnig pob math o'u danteithion brodorol. Dyma'r bwyty Nepalaidd cyntaf i mi ddod ar ei draws yng Nghymru, ac mae'r fwydlen yn tynnu dŵr i'r dannedd. Nid mod i'n arbenigo ar fwyd Nepal, wrth reswm. Efallai eu bod nhw'n tynnu coesau eu cwsmeriaid. Wedi'r cyfan, go brin fod pobol Tsieina yn claddu *chow mein* i swper, mwy na fasa Indiad ym Mwmbai fymryn balchach o gyw iâr *tikka masala* wedi'i liwio'n orengoch cae ffair. Crëwyd y cyntaf yn yr Unol Daleithiau a'r ail yn Birmingham neu Glasgow, yn dibynnu ar ba honiad rydach chi am ei gredu.

Yn 2009, gyda llaw, ceisiodd yr AS Mohammad Sarwar sicrhau statws Dynodiad o Darddiad o'r Undeb Ewropeaidd i'r pryd cochlyd hwnnw ar ran Glasgow. Mi fasa hynny wedi gwarantu mai dim ond *tikka masala* wedi'i gynhyrchu yn Glasgow fasa â'r hawl i gael ei alw'n hynny – yn yr un modd ag mae'n rhaid i gig moch Parma ddod o'r ddinas honno. Methodd ei ymgais â denu cefnogaeth Tŷ'r Cyffredin. Y syndod ydi nad aeth o mlaen i geisio gwneud yr un tric efo bariau Mars wedi'u ffrio mewn cytew, neu Irn-Bru. Pwy fasa'n meiddio haeru fod gan Aelodau Seneddol ormod o amser ar eu dwylo, rhwng llenwi ffurflenni hawlio costau a phob dim? Argyfwng economaidd? Pa argyfwng?

Beth bynnag am hynny, roedd enwau'r prydau ar fwydlen y Gurkha Corner – *kukhura, maccha, sekuwa* ac *amilo mitho piro* – yn cludo dychymyg rhywun yn syth i'r Himalaya. Wn i ddim chwaith am y cyrri dalan poethion. Cludo rhywun i'r tŷ bach, hwyrach.

Ond nid y Gurkhas ydi'r unig filwyr welwch chi ar strydoedd Aberhonddu. Mae'r lle'n frith o ddynion ifanc – dim ond dynion welais i, beth bynnag – pob un yn ei sgwario hi mewn lifrai gwyrdd. Gwelais gerbydau milwrol yn tynnu allan o faes parcio archfarchnad fel tasan nhw newydd bicio i mewn i brynu chydig o faco, cwrw a bara. Efallai eu bod nhw.

Ym mhen dwyreiniol y dref, mae'n anodd methu'r barics enfawr sy'n sefyll fel rhyw garchar tywyll. Dyma un o brif ganolfannau Byddin Prydain yng Nghymru. Yma hefyd mae'r Gurkhas yn cael rhoi eu pennau i orffwys. Beth bynnag fo'ch barn am ryfela, does dim modd gwadu nad ydi'r Cymry wastad wedi bod yn barod i godi arfau yn enw rhywun neu'i gilydd. Yn enw rhywun arall fel arfer, gwaetha'r modd. Ond byddai'n llesol i'r heddychwr mwyaf penboeth alw i mewn i'r barics i ymweld ag amgueddfa catrawd Cyffinwyr De Cymru, neu'r South Wales Borderers.

Mae'r casgliad o arfau sy'n cael eu harddangos yno'n syfrdanol o eang, ac yn un ystafell mae 3,000 o fedalau milwrol i'w gweld. Ond yn ddiamau, prif atyniad yr amgueddfa ydi ystafell Rhyfel y Zulu. Rŵan, fasa neb call yn gwadu nad oedd hawl gan y Zulu i amddiffyn ei dir a'i ffordd o fyw rhag y dyn gwyn, ac roedd eu dewrder yn wyneb lluoedd efo arfau llawer iawn mwy nerthol na'u rhai nhw i'w edmygu heb os. Serch hynny, mae'r arddangosfa hon yn talu teyrnged i ddewrder digamsyniol y Cymry a gafodd eu hunain mewn sefyllfa ddychrynllyd o enbyd yn Rourke's Drift yn 1879, efo 140 ohonynt wedi'u hamgylchynu gan 4,000 o ddynion y Zulu. Ac nid clodfori rhyfel ydi dweud hynny.

Do, mi roddodd byd y seliwloid dro go hurt i'r stori go iawn yn y ffilm glasurol *Zulu*. Mae'n anodd dychmygu cymeriad Ivor Emmanuel yn canu Rhyfelgyrch Gwŷr Harlech pan ddaeth y Zulus yn ôl drannoeth y brwydro – yn ôl dehongliad anghywir y sgript o'r sefyllfa go iawn – i gyfarch y gelyn dewr. Nid canu faswn i ond . . . O leiaf, mi lwyddodd y ffilm i danio'r dychymyg ac mae'r lladdfa greulon honno'n cael ei chofio hyd heddiw, yn fwy felly oherwydd y sinema na'r llyfrau hanes, wrth reswm.

Dwi wedi parcio'r car ym maes parcio digon cyfyng y gadeirlan, yr adeilad cyntaf o bwys i mi ddod ar ei draws wrth gyrraedd y dref ar y B4520 o gyfeiriad Epynt. Er nad oes gen i ddaliadau crefyddol, mae'n anodd gwrthod y demtasiwn i fentro i addoldai bach a mawr, cymaint ydi'u hanes a'u rôl yn natblygiad y genedl. Felly, i mewn â fi.

Er mai dim ond yn 1923 y cafodd ei dynodi'n gadeirlan, gyda chreu Esgobaeth Abertawe ac Aberhonddu, mae hanes hir i'r cyn-fynachlog Fenedictaidd hon. Roedd priordy yma cyn belled yn ôl ag 1093, a phan ddaeth Harri'r Wythfed heibio yn y 16eg ganrif i chwalu'r mynachlogydd, bu hon yn ddigon cyfrwys i droi ei hun yn eglwys Anglicanaidd ac arbed ei chroen.

Yn 2012 cyhoeddwyd adroddiad gan yr Eglwys yng Nghymru yn cyfaddef ei bod yn cael ei gweld fel corff hynod Seisnig a Saesneg. Fawr o syndod yn fan'na, pan ystyriwch chi'r enw a ddewiswyd wrth ddatgysylltu oddi wrth Eglwys Loegr yn 1921. Tra oedd Anglicaniaid yn yr Alban wedi bod yn ddigon hyderus i alw'u hunain yn Eglwys yr Alban – Eaglais na h-Alba yn yr Aeleg – ceisio cysgodi dan bais y Saeson wnaeth y Cymry, a chachgïo rhag galw'u corff newydd yn Eglwys Cymru. A 'dan ni i gyd yn gwybod be sy'n digwydd wrth gysgodi o dan bais rhywun. Hyd heddiw, mae ei henw'n disgrifio'i chyflwr i'r dim, sef Eglwys (Loegr) yng Nghymru.

Mae crwydro'r gadeirlan yn Aberhonddu, y tu mewn a'r tu allan, yn brofiad hynod ddieithr i Gymro Cymraeg neu Gymraes Gymraeg. Wrth gamu trwy'r drws trwm i'r distawrwydd llethol sy'n byddaru rhywun ym mhob eglwys, sylwaf ar ddyn yn eistedd yn hollol lonydd mewn capel agored ar y chwith. Mae'n syllu ar lun o'r Forwyn Fair a'r baban Iesu ar y wal o'i flaen, a golau'r canhwyllau'n gwneud i'r cysgodion ddawnsio yn y gwyll o'i gwmpas.

Gerllaw, mewn cas gwydr, mae llyfr ymwelwyr wedi'i adael ar agor er mwyn i ni gael rhyfeddu at lofnodion yr enwogion fu yma yn eu tro. A chasgliad amrywiol ar y naw ydi o, hefyd. Do, bu Elizabeth R yma, yn ogystal â'i mab hynaf clustiog a'i ail wraig ddanheddog. Bu Dr Robert Runcie draw pan oedd yn Archesgob Caer-gaint, er mwyn sicrhau bod y plantos datgysylltiedig yn bihafio. Llofnod arall yn eu plith oedd un Matt Smith. Pwy,

Cadeirlan Aberhonddu

meddech chi? Yn hollol. Ond doedd dim raid chwilio'n bell am yr ateb.

Doedd Elizabeth R ddim wedi gweld rheidrwydd i ddisgrifio'i swydd o dan ei henw, ond bu'n rhaid i Mr Smith druan (neu rywun arall ar ei ran) egluro mai thesbiad syml oedd o. Gŵr fu'n chwarae rhan Dr Who, neb llai, o'r gyfres wyddonias fytholwyrdd sy'n cael ei chynhyrchu yng Nghaerdydd, fel mae BBC Cymru yn hoffi'n hatgoffa hyd syrffed. Cyfres fach ddiniwed ddigon difyr, mae'n rhaid cyfaddef – ond ddim cweit yn *Star Trek*, nac'di? Er, mae 'na ryw debygrwydd rhwng Mr Spock a Charles hefyd, dach chi ddim yn meddwl? Ac os bydd Elizabeth R byth yn cael unrhyw lol pellach efo'i theulu trafferthus, tebyg y gallai hi ffonio'r Arglwydd Amser a'i gael i'w hyrddio i ebargofiant yn y Tardis. Y tro nesa byddan nhw yng Nghaerdydd, ella.

Wrth i mi baratoi i ymadael â'r gadeirlan, mae'r dyn yn y capel yn dal i eistedd yn hollol lonydd yn ei fyd bach ei hun. Wn i ddim ai boddi mewn tristwch 'ta nofio mewn llawenydd mae o. Ond mae o'n edrych yn ddigon bodlon.

Ychydig o'r gadeirlan, dof ar draws adeilad hynafol gwasgarog sy'n edrych o un ongl fel petai o am ddisgyn i afon Wysg oddi tano. Dyma Gastell Aberhonddu. Mae sawl castell yng Nghymru, ond mae hwn yn un o'r rhai hynaf sy'n dal ar ei draed. Dechreuwyd ei godi gan y Normaniaid yr un pryd â'r fynachlog Fenedictaidd yn 1093. Ymosodwyd arno'n helaeth, a bu dynion Llywelyn ein Llyw Olaf yma deirgwaith yn ceisio'i gipio. Yn wir,

Promenâd Aberhonddu

daeth i ddwylo Llywelyn am gyfnod trwy gytundeb heddwch byrhoedlog.

Yn y 18fed ganrif dechreuwyd addasu'r plasty mawr sydd y tu mewn i furiau'r castell yn westy, gwaith yr ymhelaethwyd arno gan Syr Charles Morgan rhwng 1809 ac 1814. Gwariodd y swm sylweddol iawn ar y pryd o £7,000 i greu gwesty o safon, ac mae'r Castle of Brecon Hotel yn dal i ddenu ymwelwyr hyd heddiw.

'Nôl yng nghanol y dref, mae mwy fyth o addoldai. Adeilad digon clyd yr olwg ydi Eglwys Babyddol St Mihangel, yn swatio'n gysurus mewn cornel fel cath yn canu grwndi. Ond yn taflu cysgodion hirion drosti mae twr adeilad llawer mwy mawreddog Eglwys y Santes Fair, honglad o Seisnigrwydd Anglicanaidd. Mae'n edrych yn union fel petai hi'n herio'i chwaer fach Gatholig i fentro

195

i'r cefn am gwffas, i ni gael gweld un waith ac am byth pwy ydi'r Cristnogion gorau. A'r Anghydffurfwyr o'u hamgylch yn gobeithio y byddant yn cleisio'i gilydd yn ddidrugaredd.

Mae myrdd o bobol yn heidio iddi, hyd yn oed ganol bore fel hyn. Rhag ofn mod i am golli diwygiad diwinyddol cyntaf yr 21ain ganrif, dyma hel fy nhraed ar eu holau. Yr hyn sy'n fy wynebu ydi caffi oddi mewn i'r eglwys, a gwawl rhyfeddol o oleuni'n llifo trwy'r ffenest liw fwyaf pinc i mi erioed ddychmygu fasa'n bosibl. Mae'r byrddau'n llawn o bennau gwynion, eu cegau'n cnoi'n eiddgar ar sgwrs a briwsion sgons. Yn gwibio o fwrdd i fwrdd yn ei goban ddu, fel pry llwyd mewn cae'n ceisio penderfynu pa dwmpath o faw gwartheg ydi'r un mwya persawrus, dacw'r offeiriad. Prynaf botel o sudd afal organig gan ymwrthod ag unrhyw demtasiwn i brynu na sgon na chacen gri – chwarae teg, dwi ddim digon hen i hynny eto. Eisteddaf wrth un o'r ychydig fyrddau gwag efo f'afal, ond sylwaf nad ydi'r offeiriad yn taflu cip i'm cyfeiriad, heb sôn am fentro draw am sgwrs. Y selogion yn unig sy'n derbyn gwasanaeth hwn, mae'n amlwg.

Yn ôl y tu allan daw'r glaw i'm herlid, a finnau wedi crwydro cyn belled â basn Camlas Mynwy ac Aberhonddu. Mae'r gamlas hon yn ymlwybro'n ling-di-long, fel y gwna camlesi, am 37 milltir o'r fan yma hyd at Bontnewydd, Cwmbrân, er iddi unwaith gyrraedd yr holl ffordd at Gasnewydd. Cafodd ei hadeiladu i gludo nwyddau, ond dim ond defnydd hamdden sydd iddi'r dyddiau yma. Gwelaf fod modd trefnu taith ddwyawr a hanner oddi

Y gamlas

yma mewn cwch camlas arbennig hyd at y bont ddŵr enwog ac yn ôl – y cyfan o dan do, efo bar, brechdan a thŷ bach. Be well, a'r smotiau glaw wedi tyfu'n beli dŵr milain ac yn hyrddio'u hunain i lawr fy ngwar, y cythreuliaid iddyn nhw? Wrth grafu trwy mhocedi am yr arian angenrheidiol, sylweddolaf nad oes teithiau'n mynd heddiw.

Â nghalon yn llawn siom a nillad isa'n prysur wlychu, troediaf i'r caffi yn Theatr Brycheiniog ar y lanfa gerllaw i fochel a chael paned. Wrth eistedd yno'n edrych ar y glaw'n diferu i lawr y ffenestri, dwi'n cofio taith syrffedus o araf a diddiwedd ddioddefais i unwaith mewn cwch tebyg ar Gamlas Llangollen. Yr unig gyffro a godai oedd pan fyddai'r cwch yn taro'r lan efo cythraul o glec o bryd i'w gilydd.

Llama fy nghalon. Efallai mod i newydd gael coblyn o ddihangfa. Mwya sydyn, daw blas gwell ar y baned.

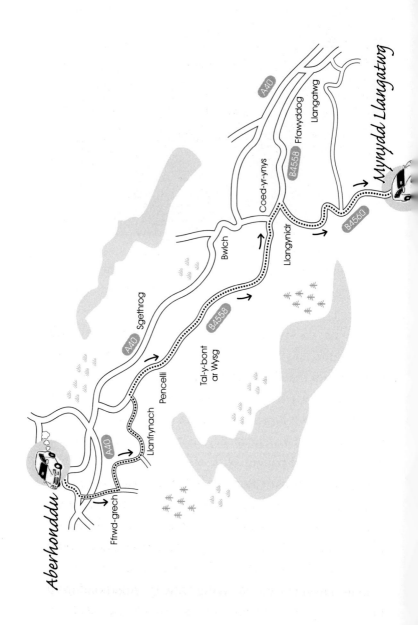

Aberhonddu

Ffrwd-grech

A40

Llanfrynach

Pencelli

Sgethrog

A40

Tal-y-bont
ar Wysg

B4558

Bwlch

Coed-yr-ynys

Llangynidr

B4558

A40

Ffawyddog

Llangatwg

B4560

Mynydd Llangatwg

15

Dyffryn Wysg

Mae'n anodd osgoi Camlas Mynwy ac Aberhonddu wrth ddilyn llwybr yr hen ffordd Rufeinig ar y B4588 i lawr Dyffryn Wysg. Nid bod rhyw angen dybryd i'w hosgoi – mae rhywbeth digon gosgeiddig amdani. Daw i'r golwg yn aml, reit wrth ochr y ffordd, a phontydd cefngrwm hynod ddeniadol yn ei chroesi wrth iddi lithro fel rhyw anaconda frown ddiog drwy'r cwm. Ac mae hi'n frownach nag arfer heddiw, efo nifer o beiriannau cloddio â'u breichiau barus yn crafu'i bol yn lân er mwyn hwyluso pethau i'r cychod hamdden. Dyna sy'n gyfrifol am ei gwedd, faswn i'n tybio, yn ogystal â'r glaw digon trwm sy'n hyrddio'i hun at ffenest flaen y car bob hyn a hyn.

Mae Llwybr Dyffryn Wysg rhwng Aberhonddu a Chaerllion yn arwain rhywun trwy'r glyn hudolus hwn,

peth ohono'n dilyn y llain dynnu wrth ochr y gamlas – sy'n hollol iawn os ydach chi'n teimlo fel treulio oriau yn mynd o un lle i'r llall er bod rhai o beirianwyr mwya'r byd wedi mynd i'r drafferth i ddyfeisio ceir ar ein cyfer. Cofiwch, mae cerdded yn dal i fod yn llawer iawn cyflymach na theithio ar gwch camlas. Mae'n debyg y basa marchogaeth malwoden hefyd.

Rhyfeddod o'r mwyaf i rywun fel fi (sydd, mae'n rhaid i mi gyfaddef, ddim ond wedi treulio ychydig oriau ar y cychod hyn) ydi faint o bobol sy'n mwynhau treulio gwyliau cyfan arnyn nhw. Dwi'n rhyw fath o dderbyn y ddadl fod teithio ar gyflymder – 'ta arafwch ydi'r gair dwi'n chwilio amdano? – o ddwy filltir yr awr yn rhoi cyfle i rywun ymlacio. Ond oni fasa bod ar wastad eich cefn mewn coma ar ôl llyncu dyrnaid o *temazepam* yn cyflawni'r un nod? Ac ydi agor a chau'r holl lociau 'na, a ffraeo efo camleswyr eraill ar ôl i chi daro yn erbyn eu cychod yn eich gwendid alcoholaidd, o ddifri'n gwneud unrhyw les i'r pwysedd gwaed?

I lawr y cwm yn Llangynidr, er enghraifft, mae cyfres o bum loc mae'n rhaid ymlafnio'ch ffordd trwyddynt yn chwys diferol, un ar ôl y llall. Rargian, sôn am hwyl. Gwell hyd yn oed na charthu cwt eliffantod. Bûm yn trafod y syniad o wyliau camlas efo ngwraig ar ambell ennyd wan, fel arfer yn hwyr yn y nos ar ôl bod yn cynnal gwaith ymchwil ar y ddiod gadarn. Buan iawn y daw'r ddau ohonon ni at ein coed. Mi fasan ni wedi hen 'laru cael ein goddiweddyd gan ieir bach yr haf, ac wedi clymu'r cwch i'r lan ger y dafarn gyntaf i ni ddod ar ei thraws, gan aros yno am wsnos gyfan efo llyfrgellaid o lyfrau clawr meddal. Efo cychod a allai gostio cannoedd ar gannoedd o bunnau i'w llogi am wythnos, onid haws fasa dal awyren i wlad o'ch dewis a gwario'r newid i gyd ar win coch, *paella* neu *pizza*? Dim ond gofyn ydw i.

Gan ddilyn rhyw fân ffyrdd o Aberhonddu, ar ôl croesi pont fechan dros yr A40 ar gyrion y dref, caf fy hun ar fy mhen ym mhentref tawel Llanfrynach. Y tu cefn i mi mae Pen y Fan, yn sbecian yn achlysurol heibio llen o gymylau. Dyma uchafbwynt Bannau Brycheiniog ym mhob ystyr, a mynydd uchaf de Cymru, er mai dim ond yr ugeinfed mynydd uchaf yng Nghymru gyfan ydi o.

Mae lori gwrw wedi cau'r ffordd wrth ddadlwytho'i haur i Dafarn yr Alarch, lle uchel ei barch ymysg y gwybodusion bwyta a llymeitian. Mawr ydi'r demtasiwn i weld ydi'r gwybodusion yn iawn ai peidio. Wel, os ydach chi'n ysgrifennu teithlyfr, mae'n rhaid gwirio'r ffeithiau pwysicaf cyn mentro'u rhoi mewn print, yn does? Ond y tro yma dwi'n penderfynu mai dyletswydd y darllenydd fydd gwneud hynny, gan obeithio na fydd o'n ormod o faich. Arhosaf yn dawel y tu ôl i'r llyw yn gwrando ar Radio Cymru, gan feddwl ai gwir y straeon i Jonsi gael ei herwgipio gan fodau estron o blaned Llandaf pan ddiflannodd o oddi ar wyneb y ddaear? Nid mod i'n grwgnach, cofiwch. Nefoedd fawr, nag ydw.

Wnes i ddim ildio unwaith i'r ysfa i ganu corn, yn wahanol i'r lembo y tu ôl i mi. Meddyliaf yn fy ngwylltineb am dynnu ngwregys diogelwch a mynd draw ato i gael gair bach yn ei glust. Ydi'r bobol 'ma'n deall bod yn rhaid ildio bob tro i gerbydau sy'n cyflawni gwaith angenrheidiol? Cerbydau golau glas o eiddo'r heddlu, y gwasanaeth ambiwlans a'r frigâd dân, er enghraifft, a badau achub sy'n cael eu gwthio ar draws y ffordd i'w llithrfa. A lorïau cwrw.

Gwelaf yn y drych fod y canwr corn yn ei fan wen yn llabwst go flewog, y math o ddyn sy'n cael tatŵ wedi'i grafu ar foch ei din bob tro y bydd yn cicio rhywun yn ei ben. Penderfynais mai fo sy'n iawn wedi'r cyfan, a rhof donc fach gadi-ffanaidd ar y corn i ategu sŵn mwy bygythiol y brawd blewog.

Ychydig i'r de o'r pentref mae un o'r marinas 'ma lle mae pobol y camlesi'n cadw eu cychod pan nad oes ganddynt dridiau'n rhydd i'w symud 500 llath. Er, mae'n anodd gen i weld sut mae modd cael marina mor bell â hyn o'r heli. Onid ydi'r gair ei hun yn awgrymu cysylltiad cryf â'r bali môr, dwedwch? Ai'r camleswyr yn rhyw ffansïo'u hunain fel anturiaethwyr dewr yn herio'r elfennau sy'n gyfrifol am y dewis rhyfedd hwn o deitl? Yn gweld eu hunain fel rhyw Huw Puw, yn bennaeth ar ei fflat, yn ysu am gael mynd i forio mewn cap pig gloyw? Heb sôn am welingtons melyn.

Mi faswn i'n meddwl y basa 'clymfa' neu 'angorfa' yn llawer gwell disgrifiad. Ond mae'n debyg nad ydi hynny hanner mor grand wrth geisio creu argraff yn y Clwb Golff yn Radur. 'Mae gen i gwch yn y glymfa yn Llanfrynach, wchi.' Hm. Ddim cweit yn Monte Carlo, na hyd yn oed Abertawe.

Lleolir y *marina* hwn i fyny lôn gul. Mae casgliad go sylweddol o gychod hynod amryliw yn hepian yno, a'r dŵr lliw tail yn llepian eu hochrau mewn ymgais i'w deffro o'u trwmgwsg. Ond does dim golwg bod unrhyw fod dynol ar eu cyfyl. Yr hin braidd yn anffafriol i anturiaethwyr dewr, o bosibl. Gofynnwch i Capten Pugwash. Ydi, mae hi'n olygfa ymlaciol, mae'n rhaid cyfaddef. Ond prin fod hud yr olygfa'n para mwy na munud, a neidiaf i'r car yn falch o gael mynd ymlaen ar fy nhaith mewn cynhesrwydd a chysur, heb orfod poeni am agor na chau unrhyw loc. Braf iawn. Hyd yn oed heb gwmni Jonsi.

Aiff y gamlas trwy ran o'r ffos a arferai amgylchynu Castell Pencelli i lawr y ffordd, amddiffynfa a godwyd gan y Normaniaid tua 1093 ond a ddinistriwyd gan y Cymry yn 1233. Prin ydi'r gweddillion sydd ar ôl, ac mae'r lle erbyn heddiw'n cael ei ddefnyddio fel maes gwersylla a charafanio. Mae'r rhestr anferthol o reolau'r safle ger y giât – dim hyn, dim llall – yn fy narbwyllo na fasa 'na fawr o groeso taswn i'n ddigon herfeiddiol i gamu heibio iddi i gael cip ar y gweddillion.

Yn Nhal-y-bont ar Wysg cewch hwyl garw wrth wylio rhai camleswyr llai eofn na'i gilydd yn 'cerdded' eu cychod trwy dwnnel hir. Byddant yn gorwedd ar eu cefnau ar do'r cwch ac yn gwthio'r diawl peth efo'u traed ar nenfwd y twnnel. Maen nhw'n galw hynny'n wyliau ac yn hwyl? Dylent fynd allan yn amlach.

Mae'n rhaid cydnabod fod Tal-y-bont yn bentref hynod bert, os tawel. Ond chwalwyd y ddelwedd baradwysaidd honno yn 2000, a newyddiadurwyr yn heidio yma o bob cwr. Yma y cofnodwyd y llofruddiaeth gyntaf mewn hanes i ddigwydd yn sgil ffrae dros wrych terfyn Leylandii, y coed bytholwyrdd conifferaidd hynny sy'n gallu tyfu'n eithriadol o gyflym. Saethwyd Llandis Burdon yn farw yng ngardd ei gartref yn Ffordd yr Orsaf gan ei gymydog, Reg Bowen, wrth i'r dadlau fynd yn llwyr dros ben llestri. Roedd y ddau wedi bod yn gymdogion am flynyddoedd lawer, a hyd yn oed wedi bod yn gyd-aelodau o dîm pêl-droed y pentref ar un adeg. Yn ddiweddarach, cafodd Bowen ei ddedfrydu i'w gadw dan glo am amser amhenodol dan y Ddeddf Iechyd Meddwl.

Bu'r coed cypres hyn yn destun twrw rhwng cymdogion ers sawl blwyddyn bellach, ond ychydig sy'n sylweddoli y gellid olrhain bron y cyfan ohonynt yn ôl i Gymru. Cafodd y Leylandii eu datblygu trwy hap a damwain yng ngerddi Neuadd Tre'r-llai, neu Leighton Hall, ger y Trallwng, dafliad carreg yn unig o Gastell Powis.

Yn y 19eg ganrif comisiynwyd Edward Kemp i gynllunio gerddi ar gyfer y stad newydd sbon. Plannodd ddau fath o goed conwydd Americanaidd ochr yn ochr, coed fasa fel arfer yn tyfu filoedd o filltiroedd oddi wrth ei gilydd, ac felly byth yn cael cyfle i groesbeillio. Ond yn 1888 syrthiodd cypreswydden Alasgaidd dros ei phen a'i chlustiau mewn cariad â chypreswydden Monterey. Cyfarfu paill y naill â blodau'r llall, fel sy'n digwydd pan fo chwant yn mynd yn drech na synnwyr, ac mae'r gweddill yn hanes. Rydan ni'n dal i dalu'r gost am yr epilio hwnnw a greodd rhyw anghenfil Frankensteinaidd

205

o blanhigyn. Cafodd y rhywogaeth newydd sbon ei galw'n gypreswydden Leylandii ar ôl cyn-berchnogion y neuadd, y teulu Leyland.

Chwythwyd y goeden wreiddiol i lawr mewn storm yn 1954 wrth i fyd natur geisio gwneud iawn am y camgymeriad, ond roedd y llanast eisoes wedi'i gyflawni. Maen nhw'n gallu tyfu'n eithriadol o uchel, heb sôn am anhygoel o gyflym. Credir bod yr un dalaf a'r hynaf mewn bodolaeth yn y Ganolfan Goed Pinwydd yn Bedgebury yng Nghaint, bellach yn 130 troedfedd o uchder ac yn dal i dyfu. Mae hynny cyn daled ag adeilad 13 llawr. Neu, a rhoi gwedd arall iddi, yr un uchder â'r *Cristo Redentor*, y cerflun anferthol o Grist sy'n sefyll a'i freichiau ar led ar gopa mynydd Corcovado uwchben Rio de Janeiro ym Mrasil.

Erbyn heddiw mae 90% o'r coed Leylandii sy'n cael eu gwerthu mewn canolfannau garddio yn yr ynysoedd hyn yn tarddu o doriadau o'r un goeden wreiddiol hunllefus honno yn Nhre'r-llai. Pwy fasa'n meiddio gofyn be ydi'n cyfraniad ni fel cenedl i'r byd coedyddiaeth? Mi all y Siapaneaid gynnig coed *bonsai*. Py! Os ydach chi am weld coeden go iawn . . . Ond tybed pa mor hir fydd hi cyn i ryw benbwl geisio creu *Leylandii bonsai*?

Wrth gyrraedd Llangatwg mae rhywun ar fin ffarwelio â Phowys, ac yn cael y teimlad sicr o fod wedi cyrraedd y Deheubarth. Anodd credu hefyd pa mor fawr ydi Powys fel uned llywodraeth leol, o gofio mod i'n dal yn yr un sir â llefydd fel Llanfihangel-yng-Ngwynfa a Llanwddyn y bûm i ynddyn nhw mor bell yn ôl. Mae Machynlleth ar lannau afon Ddyfi ac Ystradgynlais ar lannau afon Tawe wedi cael eu hunain, rywfodd, yn yr un sir. Yn ôl ystadegau'r Cenhedloedd Unedig, mae 88 o wladwriaethau hunanlywodraethol ledled y byd sy'n llai o ran maint na Phowys.

Er bod y gamlas yn dal yn nodwedd bwysig a thrawiadol o bentref Llangatwg, mae Mynydd Llangatwg i'r de-orllewin yn mynnu tynnu'r llygad. Nid ei fod o'n arbennig o uchel – tua 530 metr ydi o ar ei uchaf, yn rhyw lwyfandir o beth a chopa gwastad iddo – ond mae'r clogwyni calchfaen anferthol yn dangos olion clir o'r chwarela fu'n digwydd yno yn y 19eg ganrif ac a fu unwaith yn cynnal yr economi.

Defnydd arall, serch hynny, sydd i'r creigiau erbyn hyn. Neu, yn hytrach, y tu mewn i'r creigiau. Bob penwythnos daw heidiau o bobol hollol orffwyll yma o bob cwr i wasgu eu hunain i holltau culion yn y cerrig. Ogofawyr ydi'r bobol yma, ddim yn annhebyg i lowyr o ran gwisg ac anian, ac mae'r rhwydwaith maith o ogofâu y tu mewn i'r mynydd yn un o'r rhai mwyaf trwy wledydd Prydain. Mae'n anodd amgyffred bod gweithgareddau ar ddau begwn mor wahanol i'r mesurydd adrenalin – teithio ar hyd camlesi a chropian trwy agennau mewn mynydd – yn cyd-fyw law yn llaw, bron, yn yr un pentref.

Er nad ydw i'n or-hoff o fannau cyfyng, pan o'n i'n newyddiadurwr dwi'n cofio cael fy nhywys dan ddaear gan dîm o arbenigwyr trwy weithfeydd mwyngloddio copr hynafol Mynydd Parys yng ngogledd Môn. Roedd o'n brofiad gwefreiddiol, sydd ddim ar gael fel arfer i'r cyhoedd. Anghofia i byth gyrraedd pwll anferthol o ddŵr tanddaearol oedd wedi'i liwio'n goch fel gwaed gan y mwynau. Wrth baratoi i blymio i'r tywyllwch i lawr hen ysgol bren a fu'n pydru yno ers Oes Fictoria, digwyddais grybwyll dan fy ngwynt wrth y tywysydd nad o'n i'n gwirioni ar uchder chwaith. 'Nid uchder ydi o, dyfnder,' meddai, a ngwahodd yn ddiffwdan â'i law i roi nhroed ar ris gyntaf wichlyd a llithrig yr ysgol, gan awgrymu'n gryf heb yngan gair ymhellach na ddylwn fod yn gymaint o hen fabi clwt.

Er na fedra i weld apêl camlas, dwi'n sicr yn deall yn iawn beth sy'n hudo pobol i wasgu eu cyrff i fannau mor anghysbell. A chan eu bod yn bodoli'n naturiol ym Mynydd Llangatwg, yn hytrach nag wedi'u cloddio gan law dyn, mae gobaith dod ar draws rhywle yn fama na welodd yr un bod dynol cynt. Dyna ichi be fasa cyffro. Nid fod gen i'r bwriad lleiaf o ogofota yn fy amser hamdden, wrth reswm, fymryn mwy nag y bwriadwn dreulio amser ar y camlesi.

Yn Ogof Daren Cilau, un o'r rhai enwocaf yn y mynydd, hyd yma mae 'na tua deunaw milltir o dramwyfeydd wedi'u darganfod dros y chwe deg mlynedd diwethaf. Credir bod llawer iawn mwy eto i'w ddarganfod. Mae rhai o'r teithiau tanddaearol yma'n cymryd cymaint o amser i'w cwblhau nes bod gwersylloedd wedi'u sefydlu dan ddaear lle caiff yr anturiaethwyr orffwys, bwyta a chysgu. Tybed fu 'na ymgais i ddynwared gorchestion aelodau'r Mile High Club ben i waered yma?

Caiff un o'r gwersylloedd hyn ei lysenwi'n Hard Rock Café, ac mae lle ynddo i tua dwsin o bobol. Yn aml, mi fyddant yn aros yma o nos Wener tan ddydd Llun er mwyn cloddio a chwilio am dramwyfeydd newydd. Mae hyd yn oed llyfr ymwelwyr yn cael ei gadw yno, sy'n llawn llofnodion, rhag ofn bod rhywun yn digwydd mynd heibio'n ddirybudd.

Dratia! Dwi wedi anghofio meiro. Tro nesa, ella.

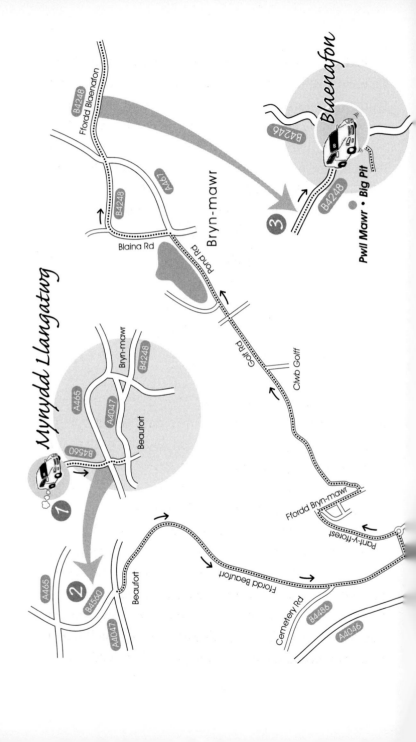

16

Bryn-mawr a Blaenafon

Wrth lithro i lawr ochr ddeheuol Mynydd Llangatwg ar y B4560 mewn glaw ac eirlaw trwm, daw newid byd go drawiadol i'r golwg. Dyma ddiwedd yr hen sir Frycheiniog – a diwedd Powys, y sir maint gwlad a lyncodd sir Frycheiniog yr un pryd â sir Faesyfed a sir Drefaldwyn. Wel, o leia dyna'r ffin heddiw; hyd at 1974, roedd sir Frycheiniog yn ymestyn ymhellach i'r de.

Bellach, dwi ym Mlaenau Gwent, ac mae'n debyg fod yr ardal yn siwtio'r awdurdod hwnnw'n well. Dyma ddiwedd hefyd ar y Gymru wledig wrth i rywun blymio ar ei ben i'r cymoedd diwydiannol. Ôl-ddiwydiannol ddylwn i ddweud, mae'n debyg, gyda'r canolfannau gwaith yn brysurach na'r pyllau glo a'r ffatrïoedd.

Dyma, wrth gwrs, yr ardal ystrydebol y bydd pobl o'r tu allan i'n gwlad bron yn ddi-feth yn ei chysylltu â'r genedl. Bydd pob digrifwr diog yn mabwysiadu acen Saesneg y cymoedd hyn, efo rhyw dro bron yn Asiaidd iddi, wrth geisio dynwared Cymro neu Gymraes. Does ganddyn nhw ddim clem fod byd o wahaniaeth rhwng acenion Môn a Mynwy – yn wir, rhwng rhannau o Fôn a'i gilydd, fel rhwng rhannau o Fynwy a'i gilydd. Allan nhw ddim dirnad nad oes dim tebygrwydd rhwng acen Dinbych ac un Dinbych-y-pysgod, a bod byd o wahaniaeth rhwng y ffordd y bydd pobol yn siarad yn Nhrefaldwyn i'r hyn a wneir yn y Mwmbwls.

Mewn papurau newydd maen nhw'n dangos yr un anwybodaeth ddybryd â'r darlledwyr hynny sy'n mynnu y byddwn ni'r Cymry'n 'canu yn y cymoedd' wrth ddathlu rhyw fuddugoliaeth neu'i gilydd ar y meysydd chwaraeon, neu ryw anffawd i Loegr. A dyna ichi ystrydeb arall: glowyr. Maen nhw'n dal yn ddigon gwirion mewn rhai mannau i gredu bod y rhan fwyaf o'n dynion yn ennill eu bara menyn mewn twll yn y ddaear, gan ddod oddi yno ddim ond yn achlysurol i olchi'r llwch o'u cyrff ac i fynychu ymarferion côr neu fand pres. Go brin eu bod yn sylweddoli mai rhyw bum cant yn unig sy'n dal i ennill bywoliaeth o'r diwydiant glo yng Nghymru bellach, o'i gymharu â'r degau o filoedd a arferai wneud hynny.

Dyma wlad ddychmygol *How Green Was My Valley*, y nofel gan Richard Llewellyn a gafodd ei haddasu'n ffilm hynod Hollywoodaidd gan yr enwog John Ford yn 1941. Mae gan honno lawer i ateb drosto am hyrwyddo delweddau hurt o ystrydebol amdanon ni. Mae rhai'n honni i Lewellyn ddefnyddio pentref Gilfach-goch yng Nghwm Rhondda fel patrwm ar gyfer ei stori, ar ôl treulio mymryn o amser yno. Cymaint o amser, mae'n siŵr, ag sydd raid i nain rhywun ei wneud cyn bod ei hwyrion yn gymwys i chwarae pêl-droed neu rygbi i Gymru. Prin fod sail i'r gred iddo weithio fel glöwr am gyfnod byr fel rhan o'i ymchwil. Fyddai rhywun hollol ddibrofiad ddim yn gallu picio i'r pwll glo lleol i chwilio am waith, cyn mentro dan ddaear efo brechdan gaws yn ei boced, caib yn un llaw a chaneri yn y llall. Ond o leiaf roedd mwy o ôl ymchwil ar ei waith o nag ar gyfer y ffilm, er i honno gael derbyniad gwresog. Yn wir, enillodd bum Oscar y flwyddyn honno, gan gynnwys cael ei henwi'n ffilm orau.

Y bwriad gwreiddiol oedd ei ffilmio yng Nghymru, ond efo'r Ail Ryfel Byd yn ei anterth, doedd hynny ddim yn bosibl. Aed ati i godi set ar dir cwmni Fox dros yr Iwerydd. Gosodwyd yr olwyn fawr ar ben y pwll yn daclus ar frig bryncyn uwchben y pentref dychmygol, yn hollol groes i'r arferiad o dyllu'r siafft mor agos i waelod dyffryn â phosib, fel bod llai o waith tyllu at y wythïen lo. Nid hwnnw oedd yr unig wall. Llusgwyd myrdd o sêr America i'r cast, y cyfan â'u hacenion mor gredadwy ag un yr Awstraliad Mel Gibson wrth bortreadu'r arwr Albanaidd William Wallace yn *Braveheart*.

Yn sgil *How Green Was My Valley*, mae nifer yn dal i ddychmygu Cymru fel cenedl o lowyr sy'n canu emynau'n llon wrth gerdded i'r pwll bob dydd i weithio mewn uffern fyglyd a pheryglus. Ia, canu'n llon.

NANT Y GLO.

Beth bynnag, caf fy neffro o mreuddwyd seliwloid gan ryw udo dychrynllyd ar y radio, a chael fy hun yn nhref Bryn-mawr. Bu'r lle dan faner sir Frycheiniog hyd at 1974, ac wedyn yng Ngwent tan 1996. Efallai mai annheg ydi ymweld â'r dref ar ddiwrnod fel heddiw, a'r glaw yn pistyllio o'r nefoedd fel petai'r duwiau wedi anghofio troi'r tapiau i ffwrdd ar ôl molchi. Mae pob tref yn llwm mewn tywydd fel hwn, chwarae teg. Rhai'n llymach na'i gilydd. Ac mae'n debyg i Fryn-mawr gael ei chydnabod fel y dref uchaf yng Nghymru, a hithau 1,350 troedfedd uwchben lefel y môr. A finnau wedi synnu gweld yr eirlaw! Yn sicr, mae'n teimlo fel tref i'r gogledd o Khatmandu.

Ychydig i'r de mae clwb golff uchaf gwledydd Prydain, druan ohono – Clwb Gorllewin Sir Fynwy. Mae'r llain dechreuol ar gyfer y pedwerydd twll ar ddeg dros 1,500 troedfedd uwchlaw lefel y môr. Y sôn ydi bod yr aer mor denau yno fel bod modd taro'r bêl reit i'r deunawfed twll yng nghwrs y Celtic Manor, ger Casnewydd. Dwi ddim yn credu y bydd llawer yn aros eu cyfle i gamu ar unrhyw lain heddiw. Dydi dillad nofiwr tanddwr ddim mo'r pethau hawsa i'w dioddef dan y ceseiliau wrth geisio taro peli mor fychan.

Gwn y bu'r dref yn enwog unwaith am ei ffatri deiars, sydd wedi hen gael ei dymchwel, ond fel arall bûm yn ddall a byddar i ogoneddau Bryn-mawr. Dwi ddim yn credu y bydda i'n codi ngholer ac yn mentro i'r ddrycin i chwilio amdanyn nhw heddiw chwaith, wrth i'r weipars golli'r gwffas efo'r glaw hyd yn oed ar eu cyflymdra uchaf. Gwelaf hen ferched yn brwydro efo'u hambaréls wrth geisio ymlwybro i brynu eu bara beunyddiol.

Mae afonydd o ddŵr yn pistyllio'n orfoleddus oddi ar y toeau llwydion, gan neidio dros ymylon y landeri mewn un naid bynji hylifol. Mi allwn, mewn hin gallach, fod wedi mynd i weld y gornel Iddewig ym mhrif fynwent y dref. Bu cymdeithas Iddewig eithaf sylweddol yn byw yma ar un adeg, a'r lle'n un bwrlwm gwyllt o bobloedd o bedwar ban a heidiodd i'r ardal i chwilio am waith yn y diwydiannau glo a dur.

Yn ôl y Bwrdd Dirprwyon Iddewig, ym Mryn-mawr yr oedd y ganran uchaf o Iddewon trwy'r ynysoedd hyn tua diwedd y 19eg ganrif. Bu'r tŷ mawr sy'n sefyll y drws nesaf i'r orsaf dân yn synagog ar un adeg. Pan ffrwydrodd terfysgoedd gwrth-Iddewig yn Nhredegar a Glynebwy yn 1911, codwyd rhwystrau ar strydoedd Bryn-mawr gan y

Amddiffynfa gron

bobol – o dan arweiniad y rhingyll lleol, Thomas Price – er mwyn gwarchod eu cymdogion Iddewig.

Yn yr ardal hon hefyd y gwelwyd llawer o gythrwfl gwleidyddol cynnar wrth i'r gweithwyr fynnu eu hawliau oddi wrth eu meistri llawdrwm. Bu gwrthdystwyr o'r parthau hyn ymysg y miloedd o Siartwyr a orymdeithiodd i Gasnewydd yn Nhachwedd 1839, pryd y cafodd rhagor nag ugain ohonynt eu saethu'n gelain gan filwyr.

Ychydig i'r de, yn Nant-y-glo, mae modd gweld amddiffynfeydd crwn a godwyd gan y meistr dur lleol, Crawshay Bailey, cymaint oedd ei ofn y basa'i weithwyr yn troi arno. Af trwy strydoedd cefn sy'n edrych fel camlesi bas ond yn ymdebygu'n fwy i Fanceinion nag i Fenis, rhaid cyfaddef, ac anelu am y B4248 ac ymlaen at Flaenafon.

I'r chwith wrth i mi ddynesu at Flaenafon mae Mynydd Blorens – Blorenge yn Saesneg – yn swatio. Mwy o fryn nag o fynydd, mewn gwirionedd, wedi'i wasgu'n seitan gan gwmwl du bygythiol sy'n ceisio'i wthio i'r ddaear. Does syndod yn y byd i rai gredu bod ei enw anarferol yn tarddu o'r gair 'ploryn'.

Yn rhyfedd ddigon, mae'n gorwedd yn hollol fodlon oddi fewn i ffiniau Parc Cenedlaethol Bannau Brycheiniog yn ogystal â thirlun diwydiannol Safle Treftadaeth y Byd Blaenafon. Trueni na fyddai pob parc cenedlaethol yn derbyn bod gwerth mewn arddangos olion gwaith y ddynolryw ochr yn ochr â gwaith byd natur. Efallai wedyn na fyddai Blaenau Ffestiniog wedi'i eithrio o Barc

Cenedlaethol Eryri, fel twll gwyfyn mewn coban, er ei fod reit yng nghanol y Parc.

Mae Mynydd Blorens yn hynod boblogaidd gyda cherddwyr a'r bobol hollol loerig 'na sy'n hoffi lluchio'u hunain yn ddi-hid oddi ar yr uchelfannau wedi'u clymu wrth farcud neu barasiwt. Rhydd i bawb ei ddiddordeb, am wn i, ond fasech chi ddim yn fy llusgo i i'r awyr fel'na am holl seidr Swydd Henffordd. Rargian, os mai antur ydach chi isio, be sy'n bod ar herio llond cae o fustych strancllyd a'ch coesau'n gaeth mewn sach?

Ar y mynydd yma hefyd mae Foxhunter wedi'i gladdu, sef ceffyl neidio'r Cymro Harry Llewellyn a enillodd yr unig fedal aur i Brydain yn y Gêmau Olympaidd yn 1952. Cofiwch, fedra i yn fy myw ddeall pam mai'r marchogion sydd wastad yn cael y clod a'r fedal pan mae'n hollol amlwg mai'r ceffyl sydd wedi gwneud y gwaith caled i gyd; does dim raid i bobol fel Harry Llewellyn neu'r

Dywysoges Anne wneud fawr mwy nag eistedd yn y cyfrwy fel doli teiliwr a gobeithio na fydd y ceffyl yn eu taflu i ffwrdd. A'r gweddill ohonon ni'n gobeithio mai dyna'n union fydd yn digwydd. Heddiw, yn y tywydd yma, mi gaiff esgyrn y ceffyl druan aros mewn hedd ar y mynydd ar gyfer ymweliad arall sychach.

A dyma gyrraedd Blaenafon. Yn dref o chwe mil o eneidiau dewr, cafodd ei dynodi'n Safle Treftadaeth y Byd gan UNESCO yn y flwyddyn 2000, ochr yn ochr â safleoedd Cymreig eraill fel cestyll Caernarfon, Biwmares, Harlech a Chonwy, a Phont Ddŵr Pontcysyllte – ond dyma'r unig un yn y de.

Does dim gwadu na fu gan Flaenafon ddylanwad enfawr ar y Chwyldro Diwydiannol. Yma y meithrinwyd ac yr hogwyd galluoedd mewn mwyngloddio, cronni dŵr, creu tramffyrdd a chynhyrchu dur – galluoedd a allforiwyd i bob cwr o'r byd. Mae olion yr holl weithgaredd yn amlwg ar y tirlun o gwmpas, pan fydd y niwl a'r cymylau'n caniatáu. Mae'n anodd credu y bu yma unwaith gwm glas, hardd yn llawn o flodau gwylltion. Caiff yr holl hanes ei adrodd yng Nghanolfan Treftadaeth y Byd Blaenafon, sydd wedi'i sefydlu mewn hen ysgol yng nghanol y dref. Dyma un yn unig o'r atyniadau diwydiannol hanesyddol lu sy'n britho'r ardal.

Ond mae fy sylw'n cael ei ddenu gan adeilad anferthol yng nghanol y dref, un sy'n hynod o debyg i un o gapeli'r Hen Gorff, ac yn edrych yn hyll ac yn haerllug trwy'i ffenestri llwydion ar y drafnidiaeth sy'n meiddio mynd heibio iddo. Dyma Neuadd y Gweithwyr, neu'r Stiwt –

hanfod unrhyw gymuned lofaol, ac mae hwn yn honglad o adeilad a gafodd ei godi yn 1895. Ar un adeg, byddai wedi gallu cynnig sawl peth i'r gymuned – adloniant, addysg a man i gyfarfod. Bellach, dim ond fel sinema mae'n dal i ffynnu.

Wrth i'r llifeiriant droi'n law mân, dyma benderfynu manteisio ar y cyfle i weld rhywfaint o Flaenafon a gadael y car mewn maes parcio. Mae chwilfrydedd yn cael y gorau arnaf a dilynaf arwyddion brown di-ri ar drywydd Canol y Dref Dreftadaeth. Ar ôl y siom o gael fy ngolchi trwy Fryn-mawr heb gyfle i fusnesa, edrychaf ymlaen at weld rhyfeddodau Blaenafon. Ro'n i wedi dychmygu cyn cyrraedd yma weld rhesi ar resi o dai teras bach taclus, ambell hen emporiwm yn gwerthu hyn a'r llall, capeli mawrion yn sgyrnygu ar dafarnau bach henffasiwn, a hen ddynion â chreithiau gwaith ar eu henaid yn stelcian ar gornel stryd yn rholio baco shag.

Ar ôl troi a thin-droi, croesi o un palmant i'r llall, crwydro strydoedd gweigion oedd yn atsain i sŵn ceir yn slabran trwy'r dilyw, a heibio 'cwflanciau' (os mai dyna'r Gymraeg am *hoodies*) yn taflu poer a phennau sigaréts o gysgodfannau bysys, dwi'n dal heb ddod o hyd i Ganol y Dref Dreftadaeth. Dyma ofyn i ddynes sy'n brysio tuag adref ar hyd Broad Street cyn y trochiad nesa a bag siopa plastig amryliw yn chwifio wrth ei hystlys, ble'n union mae 'canol y dref'. Daw rhyw edrychiad o anghredinedd i'w llygaid ac mae'n ysgwyd ei phen. Siawns ei bod hi'n gwybod, meddyliaf. Mae hi'n edrych mor lleol, mor Gymreig â hen fenyw fach Cydweli, hyd yn oed os daeth ei hen dad-cu o bellafion byd. Mae'n agor ei cheg i gadarnhau ei bod o'r un filltir sgwâr â'r tomenni glo, a'i hacen yn bradychu'i gwreiddiau â balchder.

'But you're 'ere, luv, innit,' meddai.

Mae'r anghredinedd yn troi'n dosturi, a brysia'r ddynes ar ei ffordd tuag adref â stori anhygoel i'w hadrodd am yr estron dwl na wyddai ble roedd canol y dref. Gwaeth byth, canol ei thref hi. Tebyg fod y gwifrau ffôn yn wynias mewn eiliadau.

Ydi, mae siop cwmni caws Cheddar Blaenafon yn un ddigon difyr, a'r cwmni'n mynnu bod eu caws Pwll Mawr yn cael ei aeddfedu dan ddaear yn y cyn bwll glo o'r un enw. Wel ia, mi fasan nhw. Ac mae'r stryd yn un ddigon cartrefol o ran y dewis o siopau. Mor gartrefol yn wir â sawl tref fach arall mewn sawl cwr o Gymru. Ond meiddiaf ofyn y cwestiwn i mi fy hunan: be sy'n gwneud canol y dref hon mor wahanol i sawl canol tref arall trwy'r cymoedd hyn? 'Sdim modd osgoi'r ateb: dim byd.

Nid mod i'n gwarafun i Flaenafon ei statws fel Safle Treftadaeth y Byd. Chwarae teg iddi. Bu ei chyfraniadau i fyd diwydiant a gwleidyddiaeth yn rhai trawiadol iawn. Dwi'n gobeithio y bydd yn ffynnu yn sgil y sylw. Ond os ydi UNESCO am wobrwyo a chynnal hagrwch diwyd - iannol, gallaf feddwl am sawl ardal chwarelyddol a glofaol sydd o leiaf yr un mor drawiadol o hyll â'r fan yma.

A'r glaw unwaith eto'n dechrau tywallt i lawr fy ngwar, mae'n bryd i mi hel fy nhraed cyn i'r ddynes efo'r bag siopa hel giang ar y strydoedd i chwilio am yr estron dwl.

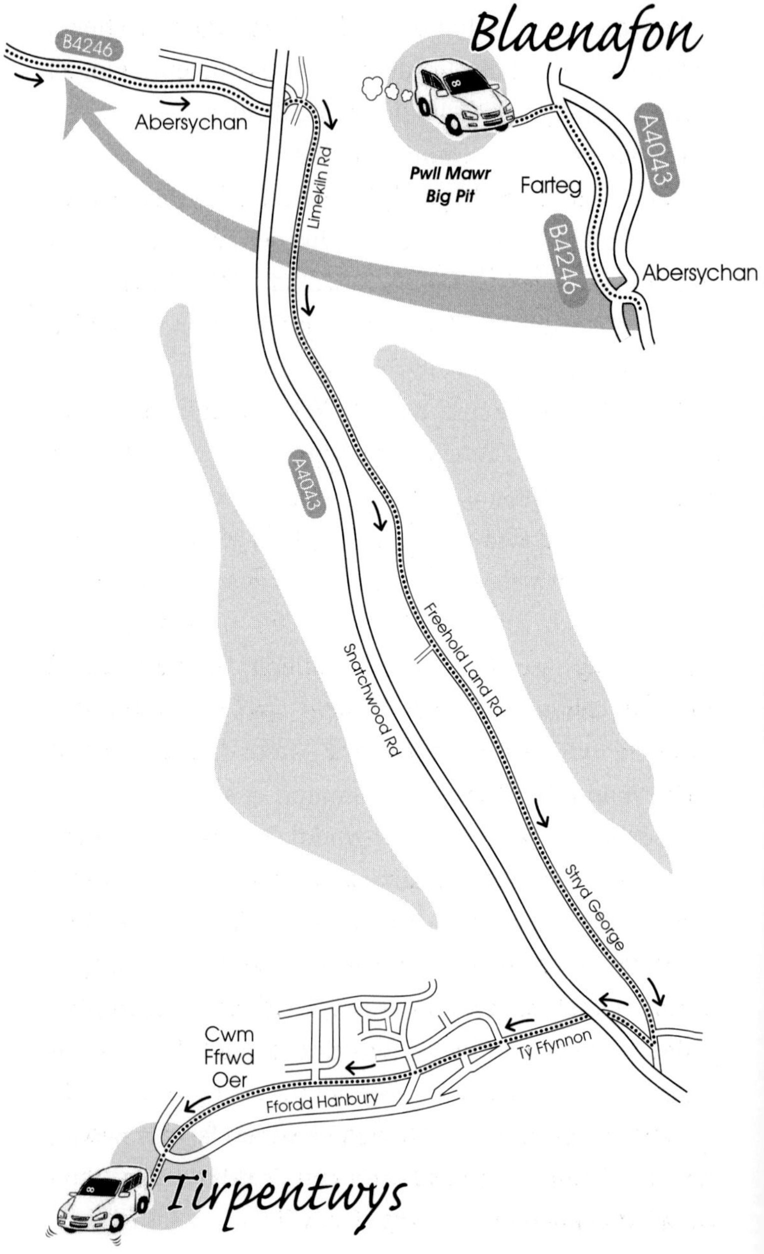
Blaenafon
B4246
Abersychan
Limekiln Rd
Pwll Mawr
Big Pit
Farteg
A4043
B4246
Abersychan
A4043
Snatchwood Rd
Freehold Land Rd
Stryd George
Tŷ Ffynnon
Cwm
Ffrwd
Oer
Ffordd Hanbury
Tirpentwys

17

O'r Pwll Mawr i Dirpentwys

O'r holl fwganod fu gan y cymunedau glofaol, ac mi fuodd 'na lawer dros y blynyddoedd, go brin fod unrhyw un wnaeth ennyn mwy o ddrwgdeimlad, ofn ac atgasedd na Margaret Thatcher.

Maen nhw'n dal i wthio pinnau i mewn i ddoliau *voodoo* ohoni yn y parthau hyn, a'i hamser yn 10 Downing Street yn dal i gael ei drafod ag afiaith chwerw dros beintiau o gwrw Rhymni. Wrth gwrs, go brin y basa 'na lawer o groeso i'r Ceidwadwr mwyaf addfwyn posib yma, chwaith. Dydi rosetiau glas ddim yn bethau i'w gwisgo'n gyhoeddus yn y cymoedd. Pethau ar gyfer preifatrwydd y cartref ydyn nhw, i'w cadw yn y cwpwrdd dillad efo'r gardesi a'r dillad isa lledr. Cyfrinachau i'r cymdogion sibrwd amdanyn nhw ymysg ei gilydd.

Fu Ceidwadaeth a daliadau gwleidyddol y mwyafrif erioed yn cerdded law yn llaw yn rhyw gyfforddus iawn yng Nghymru. Mae'n debyg fod perthynas iâr a chadno'n un fwy hawddgar. Eithriad anghyffredin iawn oedd y diweddar Elwyn Jones, y Tori o Flaenau Ffestiniog â'r mwstás sgwâr yng nghysgod ei drwyn, wnaeth enw iddo'i hun oherwydd ei ddaliadau asgell dde a'i hoffter o gathod. Yn wahanol iawn i Hitler, wrth gwrs; roedd hwnnw'n casáu cathod.

Byth ers i'r lleidr tir cyntaf gamu o'i blas a mynnu bod ei daeogion yn mynd ar eu gliniau o'i flaen, bu'r berthynas rhwng y rhan fwyaf o'r Cymry a'r Torïaid wastad yn un anodd. Cafodd rhyw gylch dieflig ei greu sy'n dal i droi hyd heddiw. Wnewch chi ddim pleidleisio i ni, felly pam dylen ni falio'r un botwm corn amdanoch chi? Dach chitha'n gwneud diawl o ddim i ni, felly pam dylen ni bleidleisio i chi?

A hynny mewn golwg, bu bron i mi â syrthio ar wastad fy nghefn jyst rŵan, nes bod fy nghoesau'n chwifio yn yr awyr fel chwilen, pan drawyd fi rhwng fy nwy lygad gan lun o'r hen Fargaret Hilda'n syllu'n filain arna i wrth gamu i ystafell aros y Pwll Mawr. Cododd croen gŵydd o arswyd dros fy meingefn, fel tasa Draciwla newydd gerdded i mewn a'i fantell ddu'n chwifio tu ôl iddo.

Ydw, rydw i wedi cyrraedd amgueddfa lofaol y Pwll Mawr – neu'r Big Pit – ar gyrion Blaenafon, ac ar fin cael fy nhywys o dan ddaear. A'r glaw bellach wedi ailgydio ynddi o ddifri, ymhell tu hwnt i allu'r hen wragedd druain a'u ffyn i'n gwawdio, mae'r byd a'r betws wedi penderfynu mochel yma heddiw. A chyda'r mynediad am ddim, mae'n anodd ein beio.

Ond pobol ifanc, ac estroniaid o wledydd tramor, ydi nifer helaeth ohonyn nhw, a neb fel petaen nhw'n sylweddoli arwyddocâd gweld llun yr hen Thatcher o'u blaenau. Parabla'r lleisiau Almaenig, Americanaidd, Awstralaidd a Ffrengig ymlaen am y tywydd, yn hollol ddi-hid.

Llun ohoni yng nghwmni criw o ddynion ar ymweliad â rhyw bwll glo yn rhywle ydi o, golwg gorfoleddus ar ei hwyneb fel tasa hi yn angladd yr undebwr llafur olaf. Ond diawch erioed, llun o Margaret Hilda Thatcher, pensaer y cynllun i ddifa'r diwydiant a'r undebau, yn hongian mewn pwll glo? Fasa waeth i chi lun o George W. Bush mewn *bazaar* yn Baghdad ddim.

Rhaid gwingo ar fainc anghyfforddus o galed am gryn chwarter awr wrth ddisgwyl ein tro i gael plymio i'r tywyllwch. Dangosir ffilm fer yn ddi-dor o'n blaenau, am yn ail yn Gymraeg a Saesneg, yn ein rhybuddio bod y Pwll Mawr yn dal i gael ei drin a'i reoleiddio fel pwll glo er na chodwyd yr un clap ohono er 1980.

O'r diwedd, daw dyn mewn côt felen a helmed wen i ryw ddrws a'n gorchymyn braidd yn ddiamynedd i'w ddilyn. Mae'n debyg iddo deimlo y basa'n llawer iawn gwell iddo fod yn tyrchu am yr aur du nag yn arwain rhyw ymwelwyr twp i berfeddion ei annwyl bwll. Mae'r un ffunud â'r hyn y disgwyliwn i löwr edrych – yn fyr ac yn gryf – ond heb laid du'r glo ar ei wyneb. Mewn adlais o'r wythdegau trafferthus, bron y gallaf deimlo gwres y fflamau'n codi o'r tân agored mewn drwm olew wrth iddo sefyll ar linell biced.

Cyflwynir ein criw bach dethol rhyng-genedlaethol i ddyn arall, ein tywysydd ar ein taith i fol y mynydd, a chyn-löwr fu'n gweithio yma yn y Pwll Mawr. Mae'n ei gyflwyno'i hun fel David, er i mi dybio mai fel Dai neu Dêf y cai ei adnabod dros y bar. Yn sicr, nid Dafydd. Mae'n bolisi gan yr Amgueddfa Genedlaethol, sydd bellach yn rhedeg y Pwll Mawr, i gyflogi cyn-lowyr fel tywysyddion, a da o beth ydi hynny. Ond mi aiff hi'n hynod anodd yn y blynyddoedd nesaf i ddod o hyd i gyn-lowyr i wneud y gwaith wrth i'r to olaf ymddeol, oni bai eu bod yn dechrau recriwtio ym meysydd glo Gwlad Pwyl a gwledydd cyffelyb, wrth gwrs.

Mae David yn greadur hynod hynaws, yn llawn straeon am ei ddyddiau yn y pwll ac yn fwy na pharod i ddatgan barn wleidyddol. Feiddiais i mo'i holi am ei deimladau tuag at Margaret Hilda, rhag ofn i glustiau'r rhai mwy parchus ac anwybodus yn ein plith ddechrau merwino. Mae'n ein harwain i'r stablau – rhyw gorlannau concrit dienaid sy'n swatio yn yr hanner tywyllwch – ac yn egluro sut y bu iddo ddechrau ar ei yrfa dan ddaear yma'n gofalu am y merlod a dynnai'r wagenni glo, gan ddefnyddio'r wagenni ei hun i ddiben gwahanol wrth garthu'r stablau. Mae'n adrodd sut y câi'r merlod adael goleuadau artiffisial y stablau am bythefnos yn unig bob haf, wrth i'r glowyr a'u teuluoedd heidio am Borth-cawl ar gyfer eu gwyliau blynyddol. Ar ddiwedd y gwyliau byddai'n andros o strach cael penffrwyn ar y merlod i'w tywys o'u cae paradwysaidd a'u harwain yn ôl dan ddaear. Doedd y creaduriaid druain ddim yn dwp.

Cawn ein brasgamu am tua pum deg munud trwy galerïau llaith y pwll – weithiau'n plygu nes ein bod bron ar ein gliniau, a sawl tro'n diawlio wrth daro'r nenfwd â'n helmed a'i chlec blastig. Ar un pwynt, mae'n ein cyfarwyddo i ddiffodd y lampau ar ein helmedau er mwyn i ni allu profi pa mor ddu ydi gwir dywyllwch. Taeraf i mi glywed y graig yn griddfan dan bwysau'r mynydd yn y llonyddwch dudew.

Cawn ein harswydo gan straeon am blant mor ifanc â chwech oed a fu unwaith yn gweithio yma yn y düwch pur hwn am oriau maith. Caent eu cyflogi i agor a chau drysau oedd yno i rwystro nwyon peryglus rhag cael rhwydd hynt i sgubo trwy'r pwll, eu cau a'u hagor ar gyfer y wagenni oedd yn treiglo heibio ar eu taith danddaearol barhaus.

Wrth gamu i'r cawell fydd yn ein llusgo dri chan troedfedd yn ôl i'r wyneb, alla i ddim llai nag edmygu gwaith y glowyr. Fasa'r cymunedau hyn ddim wedi bodoli heb y diwydiant, a fasa Cymru ddim yr hyn ydi hi heddiw – er gwell neu er gwaeth – oni bai am fodolaeth y meysydd glo. Ond o fod wedi cael profiad anesthetigedig a byr o fyd y glöwr, mae'n anodd peidio â dod i'r casgliad hwyrach i Thatcher wneud ffafr â'r genhedlaeth nesaf. Nid mai dyna oedd ei bwriad hi, wrth gwrs.

Enillodd y Pwll Mawr wobr Gulbenkian yn 2005 fel amgueddfa orau gwledydd Prydain. Caiff ei gydnabod fel un o 77 'angorfa' – neu brif atyniad – o blith 850 o

Y Pwll Mawr

safleoedd mewn 32 gwladwriaeth sydd wedi'u cynnwys ar y Llwybr Treftadaeth Ddiwydiannol Ewropeaidd. Fel sy'n gweddu i wlad sy'n hoffi honni mai hi oedd y genedl ddiwydiannol gyntaf yn y byd, mae pump o'r 77 angorfa yng Nghymru. Y pedair arall ydi'r Amgueddfa Lechi yn Llanberis, Mynydd Parys a Phorth Amlwch ar Ynys Môn, Parc Treftadaeth y Rhondda, ac Amgueddfa Genedlaethol y Glannau yn Abertawe.

Mae'r Pwll Mawr yn gwirioneddol haeddu'r holl glod, heb os, a dylai pob plentyn ysgol yng Nghymru gael ei orfodi i ymweld â'r lle. Mi fasa hynny'n llawer mwy buddiol na dysgu am Alfred yn llosg'i deisennau, neu Harold unllygeidiog yn ei chael hi ym Mrwydr Hastings. Nid yr ymweliad o dan ddaear ydi'r unig atyniad yma yn Mlaenafon, o bell ffordd, ond mae'n weithgaredd amlwg i'w wneud mewn hin mor angharedig.

Mae arddangosfeydd yn yr hen faddondai'n egluro mwy am fywyd y glowyr wrth eu gwaith, i gefndir recordiad o synau dynion yn tynnu coesau'i gilydd yn eu mwngreliaith orau wrth fwynhau cawod. Ac mae'r hen ganolfan feddygol yn dangos pa mor beryglus roedd y gwaith yn gallu bod.

Ond, a'r glaw bellach yn chwipio'r mynydd o mlaen i o'r chwith i'r dde, mae'r ffreutur ar ben y bryn yn apelio. Cyrhaeddaf yn wlyb domen, fy nillad isa a nghroen fel un. Hwn oedd cantîn y glowyr pan oedd y pwll ar agor, ac mae'n edrych yn union fel – wel – cantîn. Does dim steil na gorchest yma, ond mae'r arwyddion ar y wal yn addo bwydydd Cymreig traddodiadol, ac yn codi nghalon wrth i nghrys ddechrau stemio. Yn anffodus, go druenus ydi'r argraff sy'n cael ei roi yma o gogyddiaeth Gymreig. Mae teisen gri, neu bice ar y maen, yn iawn yn ei lle, ond dydi hi ddim yn *haute cuisine* ar y copa fel hyn.

Gofynnaf wrth y cownter am blatiad o ffagots – danteithfwyd rydan ni'n ei rannu efo rhannau helaeth o Loegr – ond caf siom arall: maen nhw wedi'u gwerthu i gyd. Rhaid i mi fodloni ar selsig a sglodion, sydd wrth gwrs mor Gymreig â Big Mac, a setlaf wrth fwrdd yng nghanol stafell hynod swnllyd a byrlymus i ddisgwyl am fy ngwledd. Mae tri o Ffrancwyr wrth y bwrdd nesa ata i, yn awchu am brofiad o'r bwyd traddodiadol Cymreig 'ma er mwyn cael adrodd yn ôl ym Marseille neu Lyon neu ble bynnag. Dwi ddim yn credu y bydd y profiad hwn yn hudo'u cyd-wladwyr yn eu byseidiau i flasu'n cynnyrch. Sy'n beth trist iawn, oherwydd mae ganddon ni yng Nghymru fwydydd o ansawdd gwych a bwytai o safon eithriadol.

Daw'r bwyd, a chaiff ei hyrddio o'u blaenau'n ddiseremoni. Gwelaf fod y Ffrancwyr wedi'u gorfodi i wneud yr un dewis â finnau. Yn amlwg, nid *saucissons* fel yr arferai *grand-mère* eu gweini mo'r enghreifftiau anffodus hyn. Mwy fel bysedd rhyw hen löwr oedd wedi'u colli i lawr yn y pwll yn oes Fictoria wrth bigo'i drwyn. Mae'r siom ar eu hwynebau'n amlwg wrth iddyn nhw brocio'r selsig yn ansicr â'u ffyrc am beth amser, a'u rholio i'r chwith ac yna i'r dde fel tasan nhw'n llawn o bowdwr du, cyn i'r dewraf ohonyn nhw benderfynu rhoi cynnig arni. Mae'n gorchuddio'i selsig mewn llyn o sos coch ac yn plannu'i gyllell a'i fforc yn y gyntaf mewn un symudiad gosgeiddig. Gwegia'r fforc ond llwydda'r gyllell i wneud ei ffordd yn fuddugoliaethus drwy'r croen, nes bod saim a Duw a ŵyr beth arall yn llifo o'r selsigen ar ei blât. Mae'n troi ei drwyn yn y modd mae pob Ffrancwr a Ffrances wedi'i berffeithio. Penderfyna fwyta'r *pommes frites* yn unig. Wedyn, estynna am fag llaw o'r math y bydd dynion Ffrainc yn cael llonydd i'w cario ar y stryd heb i adeiladwyr â rhych eu tinau yn y golwg chwibanu ar eu holau. Mae'n tynnu talp o fara ohono, a chnoi ar hwnnw a'r olwg ar ei wyneb rywle rhwng dirmyg a rhyddhad. Penderfyna'i gyd-Ffrancwyr ddyfalbarhau â'u prydau, i fonllef o chwerthin a thynnu stumiau ymysg ei gilydd.

Dw innau'n gwneud yr un peth efo mhorthiant innau – heb y chwerthin, wrth reswm. Ond mae'n debyg mod i'n ei fwynhau o fymryn yn well na nhw, os mwynhau ydi'r gair priodol. Wel, tydw i ar lwgu? Ac mae blas digon derbyniol ar y sos coch, chwarae teg.

Mae'r glaw'n dylifo'n ddi-stop wrth i mi barhau ar fy nhaith, dros y bryniau i'r Farteg. Heibio ceffylau esgyrnog sy'n ceisio cysur mewn bwrn o wair, a'r briffordd yn sgleinio'n llithrig yn y cwm yn isel i'r chwith oddi tanaf, ymlaen â fi i Abersychan.

Fel un a fagwyd mewn dyffryn chwarelyddol ôl-ddiwydiannol, gwn yn iawn am y teimlad o anobaith mae glaw parhaus yn curo'n ddidrugaredd ar ffenest eich enaid yn gallu'i feithrin mewn cwm fel hwn. Teimlaf felly eto rŵan. Ond fel tasa rhywun yn ateb fy ngweddi, mae'r glaw'n llacio wrth i mi gyrraedd Cwm Ffrwd Oer a Phant y Gaseg, a phenderfynaf fanteisio ar y cyfle am hoe bach.

Dyma droi oddi ar y rhiw gul ac i faes parcio Gwarchodfa Natur Tirpentwys. Dyma ichi safle rhyfeddol sy'n adrodd cyfrolau am ein hanes diwydiannol. Bu yma gloddio am lo a chwarela am fwynau. Bu'r safle unwaith yn domen sbwriel, ac ar un adeg bu bygythiad i ailafael yn y defnydd hwnnw o'r lle. Erbyn hyn, mae pobol yn heidio yma i fwynhau'r awyr iach – i wylio adar, i chwilio am wyfynod, a hyd yn oed i ddringo creigiau'r chwareli, er i'r perchnogion weithio'n ddyfal i wrthsefyll hynny. Mewn unrhyw frwydr rhwng dyn a natur, dim ond troi ei gefn am eiliad sydd raid i ddyn ac mi fydd natur yn ei drechu.

Ond fel Glofa Tirpentwys y bu'r lle fwyaf enwog o dipyn. Agorwyd y pwll yn 1868, a chafodd ei weithio'n llwyddiannus tan 1969. Erbyn 1923 roedd bron i 1,700 o ddynion yn cael eu cyflogi yma, a dros gant o geffylau. Wrth groesi'r bont bren fechan o'r maes parcio, mae'n anodd credu'r bwrlwm a'r gweithgaredd oedd yma bryd hynny. Heddiw, dim ond y nant risial yn tincial sydd i'w chlywed, a sŵn y glaw'n curo'i gymeradwyaeth yn ysgafn ar ddail y coed.

Sŵn gwahanol iawn oedd yma ar Hydref 1af, 1902 – sŵn hwteri'n rhybuddio'r fro fod trychineb wedi taro. Roedd y cebl oedd yn halio'r cawell i fyny ac i lawr y siafft ar ben y pwll wedi torri'n ddirybudd, a phlymiodd y cawell a'i gynnwys i'r gwaelodion. Bu farw wyth o ddynion. Nid dyma'r trychineb gwaethaf yn hanes y meysydd glo, wrth gwrs – ni laddwyd niferoedd erchyll fel y 268 a gollodd eu bywydau i lawr y ffordd yn Aber-carn bedair blynedd ar hugain ynghynt. Yno, bu'n rhaid i'r rheolwyr lenwi'r pwll yn fwriadol â dŵr o Gamlas Mynwy – er bod 325 o ddynion a bechgyn yn dal o dan ddaear – er mwyn diffodd tanau dychrynllyd oedd wedi cynnau yn sgil ffrwydrad anferthol a rwygodd drwy'r gwaith. Gadawodd hynny graith ddofn ar y gymuned sy'n para'n boenus o fyw hyd heddiw.

Yn Nhirpentwys, collodd gwraig William Strong nid yn unig ei gŵr 42 mlwydd oed, ond hefyd ei meibion, William (19) a John (16). Go brin i'r graith ar ei chalon hi byth wella. Roedd trychineb Tirpentwys yr un mor egr a chreulon â phob trychineb arall, sy'n egluro llawer pam y bu i'r diwydiant liwio cymaint ar natur ac ysbryd y cymunedau hyn – heb sôn am eu gwleidyddiaeth.

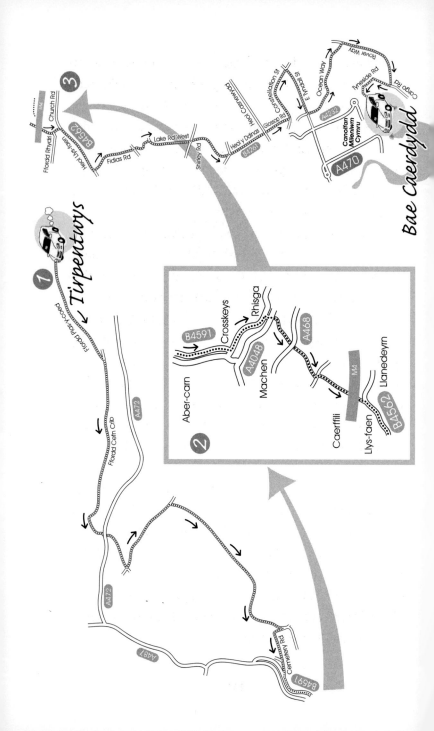

Bae Caerdydd

Tirpentwys

1

2

3

Ffordd Plas-y-coed

A472

A472

A497

Ffordd Cefn Crib

Cemetery Rd

B4591

Aber-carn

Crosskeys

Rhisga

B4591

A4048

Machen

A468

Caerffili

M4

Llys-faen

Llanedeyrn

B4562

Ffordd Rhydri

Church Rd

A48

B4562

Heol Llys-faen

Fidlas Rd

Lake Rd West

Shirley Rd

Heol y Dolnas

Heol Casnewydd

Constellation St

Glossop Rd

E Tyndall St

Ocean Way

Rover Way

B4261

A4232

Tyneside Rd

Colgo Rd

Canolfan
Mileniwm
Cymru

A470

18

Trwy'r cymoedd i'r brifddinas

Er i'r ddinas ei hun fod yn hynod amwys o ran gwerth ei Chymreictod ac yn ddigon anghymreig ei natur ar brydiau, tyfodd dylanwad Caerdydd y tu hwnt i bob disgwyl yn sgil datganoli grym gwleidyddol i Gymru.

Yn dilyn y refferendwm yn 1997, ceisiodd y cyn-Ysgrifennydd Gwladol Ron Davies ein darbwyllo ei fod yn ystyried ceisiadau gan Abertawe, Wrecsam a hyd yn oed Ewloe yn sir y Fflint i gartrefu'r Cynulliad newydd. Ia, Ewloe – sy'n fwyaf adnabyddus am ocsiynau ceir ail-law. Roedd pawb yn gwybod, wrth gwrs, mai Caerdydd fasa'n dal i fod yn brifddinas lywodraethol y wlad – rôl y bu'n ei chyflawni ers sefydlu'r Swyddfa Gymreig yn 1964. Doedd dim dewis synhwyrol arall.

Bu rhai rhamantwyr yn dadlau y dylid cael ein prifddinas ym Machynlleth, efo'i phoblogaeth o ddwy fil a'i statws fel canolfan hipis barfog, ar y sail honedig i Owain Glyndŵr gynnal senedd yno unwaith yn 1404. Hm. Rhyw ymgais i godi dau fys ar Gaerdydd, ar ôl i fwyafrif ei phobol bleidleisio yn erbyn ei fabi i roi grym gwleidyddol i'r genedl, oedd safiad y Bonwr Davies (er i Wrecsam a sir y Fflint hefyd bleidleisio 'Na').

Serch hynny, daeth manteision lu i Gaerdydd ar ôl sefydlu'r Cynulliad, a llifodd pres, swyddi a phobol o bob cwr i'w magl farus. Erbyn heddiw, sgubwyd ymaith lawer o'r tlodi fu'n rhan annatod o ddelwedd Caerdydd ar hyd y blynyddoedd, gan drawsblannu dinas gyfoes, wydrog, sgleiniog yn ei le. Ond cyndyn fu'r cyfoeth i dreiddio fawr i'r gogledd o Lanisien neu Landaf, a bu'r gwleidyddion yn hynod gibddall i'r teimladau yng ngweddill y wlad fod palmentydd aur Caerdydd yn sugno pob dim o werth oddi arnynt.

Cyhoeddwyd y bwriad o ailddatganoli grym o'r sanhedrin yn y Bae i rannau eraill o'r wlad, gan sefydlu swyddfeydd rhanbarthol i'r Cynulliad. Clywyd ochneidio o'r gorllewin, y gogledd a'r canolbarth pan ddatgelwyd y basa'r gyntaf bedair milltir ar hugain yn unig i'r gogledd o Gaerdydd – ym Merthyr Tudful. Ewadd, dyna be oedd anturus.

Ond 'rhoswch am eiliad, cyn i mi gamu ar fy mocs sebon. Mae'n rhaid i mi syrthio ar fy mai a chyfaddef i minnau hefyd unwaith gael fy hudo gan y ddinas nwydus. Bu'n taflu cusanau ac addewidion am fywyd llawn cyffro i nghyfeiriad, yn union fel un o'r merched drwg y canodd Meic Stevens amdanynt. Derbyniais gynnig gan BBC Cymru i weithio fel cynhyrchydd rhaglenni newyddion radio yn Llandaf.

Efo morgais i'w dalu ar fy nghartref yn y gogledd, bu'n rhaid i mi fodloni ar fflat dwy stafell ddi-serch yn Heol yr Eglwys Gadeiriol i orffwys fy mhen blinedig yn y brifddinas. Roeddwn mewn tŷ teras mawr oedd wedi'i rannu'n bedwar fflat, ac yn gorfod rhannu un stafell molchi efo gweddill y tenantiaid. Roedd yr olygfa o'r ffenest yn fy stafell fyw'n fendigedig, os ydach chi'n rhywun sy'n gwirioni ar waliau brics coch.

Bron cyn i mi wagio nghês ar ôl cyrraedd, a throi mlaen y set deledu fechan ro'n i wedi'i sgyrtian i lawr yr A470 efo fi, daeth llythyr o groeso gan y bobol trwyddedu teledu. Ces fy rhybuddio, pe meiddiwn ei defnyddio am un nano-eiliad a finnau heb drwydded yn y fflat, y byddai'r bois efo'r pastynau'n galw heibio i gael gair yn fy nghlust. Neu eiriau i'r perwyl hynnw.

Fedrwn i ddim fforddio trwyddedau gogleddol a deheuol. Fedrwn i ddim chwaith fforddio cael fy nirwyo am fod heb drwydded, a finnau bellach yn gweithio i'r union gorfforaeth oedd yn derbyn y calennig. Mi fasa honno wedi gwneud stori ddifyr dros ben i'r *Western Mail*. Buddsoddais mewn set radio rad, a galwyni o gwrw yn nhafarn yr Halfway neu yng nghlwb nos Cameo, er mwyn llenwi'r oriau gweigion. Mae'n debyg y basa trwydded wedi costio llai, erbyn meddwl.

Unwaith yn unig y gwelais i enaid byw arall yn y tŷ hwnnw, ar wahân i lygoden fach a arferai ddod i ngweld ac i gnoi tyllau yn fy sanau. Daeth rhyw horwth mawr a'i ben tolciog wedi'i eillio, yn cnoi gwm wrth siarad ac yn drewi o gwrw, i ofyn gâi o fenthyg darn 50c roedd o ei angen i'w roi yn y mesurydd dŵr poeth yn y stafell molchi. Oedd, roedd y landlordiaid yn rhai hynod hael. Feiddiwn i mo'i wrthod, a ph'run bynnag, be oedd 50c i gynhyrchydd efo'r BBC? Rai dyddiau'n ddiweddarach ces fy siomi ar yr ochr orau – roedd darn 50c wedi'i wthio dan ddrws y fflat, efo nodyn a 'Thancx' wedi'i sgwennu arno mewn beiro werdd. Ond dim llog.

Er i mi fwynhau'r gwaith efo'r BBC, wnes i ddim mwynhau'r bywyd dinesig y mymryn lleiaf. Mi wn i be mae pobol yn rhefru amdano wrth sôn am fod yn unig yng nghanol pobol. Cwta bum mis y bûm i yn y swydd – fel yn y ddinas – ac edrychais i ddim ar Gaerdydd trwy sbectol optimistaidd yr ymwelydd achlysurol byth wedyn.

Ond os llenwodd Caerdydd ei phocedi ar draul y gweddill ohonom, nid hollol wir mo'r honiad yn y gogledd a'r canolbarth fod 'pob dim yn mynd i'r sowth'. Mae ymweliad â'r cymoedd yn gwrthbrofi hynny. Da o beth oedd i'r Eisteddfod Genedlaethol ymweld â Glynebwy yn 2010. Galluogodd hynny i eisteddfodwyr o barthau eraill sylweddoli pa mor denau mae'r mêl economaidd wedi'i daenu yn fan'no – fel yn y Rhyl neu'r Bermo neu Aberystwyth neu Gaerfyrddin.

Ond, a finnau ar fin cyrraedd pen y daith 'ma rŵan, mae'r ddinas fawr ddrwg yn galw arna i i ymweld â hi unwaith eto, fel môr-forwyn yn taflu cusanau drwy'r niwl. Wrth ddisgyn o'r mynydd i lawr Cemetery Road, daw llwydni digalon y stribedi o bentrefi a mân drefi sy'n sefyll fel rhesi o sowldiwrs cefnsyth ar ystlys y cymoedd i'r golwg trwy'r gwlybaniaeth.

Bu'n antur y basa Indiana Jos wedi bod yn falch ohoni i gyrraedd y fan hon. Wrth groesi'r uchelfannau yng Nghefn Crib, meddyliais y gwelwn Noa a'i filodfa'n dod i nghwfwr wrth i genlli o ddŵr glaw fygwth fy sgubo'n ôl yr holl ffordd i Gwm Ffrwd Oer. Oes lle i un bach arall yn yr arch 'na, bois? Be dach chi'n ei feddwl, dim ond fesul dau? Clywais ar y radio'n ddiweddarach i werth mis o law syrthio ar y cymoedd mewn ychydig oriau'r diwrnod hwnnw. Gallaf gredu hynny'n hawdd. Y rhan fwyaf ohono'n fy nilyn i o gwmpas. Ond mae'n rhaid dyfalbarhau. Does gen i lyfr i'w sgwennu, a hithau'n ben set arna i i'w gwblhau?

Fûm i erioed yn berchen ar loeren lyw, os mai dyna ydi *satnav* – mae'n well gen i fapiau henffasiwn. Ond heddiw, faswn i ddim yn meiddio ceisio aros i ddarllen map heb angor wrth law. Rhaid dibynnu ar gof a chrebwyll – crebwyll, gan fwyaf. Ond iesgob, mi fasa *satnav* wedi bod yn rhodd o'r nefoedd. Croesaf yr A472 yn Hafodyrynys yn ddidramgwydd, serch hynny, ac ymlaen trwy ddrysfa gymhleth o fân ffyrdd garw. Gobeithiaf gael fy ngolchi'n ddiogel i rywle yng nghyffiniau'r B4591 ar waelod y cwm, fel broc môr ar arfordir llwm.

A haleliwia, dyma fi rywfodd yng Nghwm-carn. Neu efallai yn Aber-carn? Dwi'm yn sicr p'run. Dydio'm o bwys. Dwi yma.

Ystyriaf fynd i ochr orllewinol y cwm i ymweld â Chrymlyn, er mwyn gweld be sy'n weddill o'r draphont reilffordd enwog, yr uchaf o'i math ym Mhrydain ar un adeg. Bu Gregory Peck a Sophia Loren yn saethu golygfeydd ar gyfer y ffilm gyffro *Arabesque* arni yn ôl yn 1966. Difyr iawn, meddyliaf, wrth wasgu nhroed ar y sbardun a pharhau tua'r de.

Mae gyrru ar hyd y B4591 yn gallu bod yn brofiad digon anghysurus ar ôl cymaint o amser ar lonydd trol. Mae hi a'r A467 yn cydredeg ochr yn ochr yma, gyda dim ond rheiliau dur tila'n eu gwahanu. Gwibia'r glymdref hir o strydoedd heibio mewn fflach o lwyd – Pont-y-waun, Cross Keys, Rhisga. Ro'n i wedi meddwl y baswn i'n aros i gael blas arnyn nhw, ond dydi'r awch ddim yna rhwng y tywydd 'ma a bob dim. Wrth fynd heibio'r Cross Keys Inn, y galwyd y dref ar ei hôl, sylwaf fod modd prynu cinio dydd Sul yno am £4.75 yn unig. Trueni mai dydd Mercher ydi hi.

Yn Rhisga, rhaid croesi'r A467 ar gylchdro gorffwyll o brysur, gyda'r bwriad o ganfod y ffordd i Fachen Isaf yr ochr draw – fy mhrofiad cyntaf ers hydoedd o fod reit yng nghanol trafnidiaeth wallgof o gyflym. Edrychaf am arwydd ar gyfer Machen Isaf, fel roedd y map wedi fy nghyfarwyddo i wneud, ond yn ofer. Felly rhaid cychwyn ar ail rod y gylchfan, gan ddiawlio i mi fy hun, ond eto does dim unrhyw gyfeiriad at Fachen isaf, uchaf na chanol. Y trydydd tro i mi ddynesu at y gyffordd, penderfynaf fentro i fyny lôn eithriadol o gul, er mai at Ochrwyd mae'r arwyddbost yn awgrymu y byddaf yn mynd. Lle bynnag ydi fan'no. O wel, mae hyn yn well na threulio gweddill fy mhetrol yn troi fel top ar gylchfan orffwyll.

Mae 'na hwyl i'w gael ar y ffordd fach yma. Dwi'n cael fy hun yng nghanol mwy nag un dagfa, ac yn gweld adeiladwr canol oed mewn lori fach yn troi'n borffor wrth geisio fy nghael i facio, a fflyd o geir y tu cefn i mi. Ond dwi'n dod o hyd i Fachen, cartref plentyndod Ron Davies, tad yr arbrawf datganoli. Cafodd ei anrhydeddu gan Orsedd y Beirdd fel Ron o Fachen, cyn i'w yrfa wleidyddol ddisglair chwalu'n deilchion yn sgil honiadau mewn papurau newyddion am ei weithgareddau allgyrsiol yn gwylio adar a moch daear.

Nid mai fo ydi'r unig wleidydd o Fachen i fod wedi methu gwireddu'i botensial. Bu Alfred Edward Morgans yn brif weinidog ar Orllewin Awstralia yn 1901, fisoedd yn unig ar ôl y penderfyniad i sefydlu ffederasiwn annibynnol Awstralaidd yn hytrach na'r rhwydwaith o drefedigaethau o dan Goron Lloegr, fel cynt. Bu yn ei swydd am 32 niwrnod yn unig, cyn i'r carped cael ei dynnu o dan ei draed. Druan ohono.

Croesaf yr A468 a mynd trwy Draethen, gan droi ger tafarn y Maenllwyd yn Rhydri ac i lawr o'r diwedd am y brifddinas. Daw tagfa arall i'm hatal ger coedwig Llwyncelyn wrth i lori goed anferthol, bron ddwywaith led y lôn, ddod i nghwfwr. Gwaethygir y sefyllfa gan y

Bae Caerdydd – diwedd y daith!

wraig mewn mini sy'n methu'n lan â bacio, ond diolchaf nad ydi hi mewn 4x4 fel y rhan fwyaf o drigolion y parthau cyfoethog hyn.

O'r diwedd, gwelaf fflachiadau goleuadau'n taranu uwch fy mhen, a deallaf mod i newydd fynd o dan draffordd yr M4. Teimlaf ar ben fy nigon.

Dwi'n gwybod bellach bod fy ymgais i deithio o Landudno i Gaerdydd ar ffyrdd llai yn mynd i fod yn llwyddiant. Efo arwyddion yn rhybuddio am geffylau ar y ffordd yn frith, dwi'n gwybod hefyd mod i ym maestref ddigon cyffyrddus ei byd Llys-faen – byd mor wahanol i'r cymoedd ddim ond chydig funudau oddi yma.

Mater bach fydd hi bellach i gyrraedd calon ein democratiaeth newydd ym Mae Caerdydd. Heb sôn am un pen i'r A470 ddiawl. Ar hyd y B4562, i lawr Fidlas Road ac o dan yr A48 am y B4261, ar hyd Ocean Way am y dociau, ac wedyn i fyny Pierhead Street. A dyma fi, wedi cyrraedd pen fy nhaith.

Mae'r glaw'n cilio wrth i mi gyrraedd, a'r awyr yn goleuo rhyw gymaint wrth i'r haul gwffio'n aflwyddiannus i agor y llenni cymylog. Mae gwedd drawiadol i'r rhan yma o Gaerdydd, rhaid cyfaddef, er i hen gymuned fywiog a lliwgar Tiger Bay gynt gael ei llnau oddi yma er mwyn creu'r allor ddrudfawr hon i'n cenedligrwydd. A! Dacw'r Aelod Cynulliad Simon Thomas yn disgwyl am fws ger yr armadilo mawr gaiff ei adnabod fel Canolfan y Mileniwm, gan ddal ambarél ddu allan i dynnu sylw gyrrwr y bws.

Swatia'r Eglwys Norwyaidd yn glyd yn ei safle newydd – hyd yn oed yr adeilad pren enwog hwn wedi gorfod gwneud lle i foderneiddiwch. Hynod wag ydi hi yng nghyffiniau'r Senedd, er i gloc adeilad brics coch y Pier Head ddangos mai prin wedi troi chwech yr hwyr ydi hi. Brysia dyrnaid o bobol trwy byllau dŵr ar y palmant fel tasan nhw'n llawn ddisgwyl iddi ddechrau dymchwel eto unrhyw funud.

Gerllaw, llonydd a thawel ydi Ceffylau Carlam Cymreig Poblogaidd Norman Sayers, fel y caiff y chwyrligwgan sy'n sefyll yno'n wlyb socian ei adnabod, yn ôl yr arwydd sydd wedi'i beintio mewn llythrennau bywiog ar ymyl ei ganopi. Do, fe ddaeth peth tro ar fyd. Daeth y Gymraeg yn fwyfwy amlwg yn weledol ac yn glywadwy yn ein prifddinas, fel y caiff ei gweld a'i chlywed lai a llai ym Mhentrefoelas, y Bala, Llanfair Caereinion a Thregaron. Heb sôn am Fynydd Epynt trist.

Daeth yn bryd chwilio am damaid i'w fwyta – tasg ddigon hawdd mewn rhan o'r ddinas sy'n frith o fwytai trendi. Nid cinio Sul am £4.75 fel yn y Cross Keys Inn mae pobol yn chwilio amdano yma, efo'u cyflogwyr yn aml yn tyrchu'n ddwfn i'w pocedi i dalu eu costau. Neu ni'r trethdalwyr, debycach. Wedi cau dros dro, serch hynny, mae bwyty Cadwaladers, y cwmni hufen iâ enwog sydd â'i wreiddiau yn Eifionydd.

Caf le mewn cwt crwn sy'n gwerthu coffi a brechdanau, ac sydd â'i fwydlen yn fwy dwyieithog na'r crwt y tu ôl i'r cownter. Eisteddaf ar stôl yn edrych trwy'r ffenest ar y gwylanod yn ymladd dros dalp o fara. Daw ffigwr cyfarwydd i'r golwg, yn brasgamu efo cês lledr yn dynn yn ei law a phrif weithredwraig ei blaid yn trotian yn dynn wrth ei sawdl fel ebol blwydd. Diflanna'r Aelod Cynulliad dros Ynys Môn i glydwch croesawgar bwyty Eidalaidd Strada i fwynhau rhywfaint o gynnyrch y *cucina Italiana*.

Efallai i Ieuan Wyn Jones lwyddo i gyflwyno nifer o fân welliannau i'r A470 gythraul yn ei gyfnod mewn llywodraeth, a chodaf fy het iddo am hynny. Ond mi fetia i ngheiniog olaf mai mewn awyren 'Ieuan Air' y bydd o'n mynd adra am Ynys Môn.